U0665654

做个会表达的女人

会说话的女人最迷人

台湾新生代两性教主
魔女shasha 著

百花洲文艺出版社
BAIHUAZHOU LITERATURE AND ART PRESS

Preface

序 言

女人“会说话”
机会自动找上门

现代社会虽然生活便利、信息发达，但是人们在口头表达能力上，却是大大退步。人与人之间的疏离，更造成了一定的隔阂。女人是人与人沟通环节中不可或缺的重要角色，因此一个会说话的女人，在职场、爱情、家庭等各个层面都具有不容小觑的影响力。

在我之前的作品“快乐女人系列”中，我不断地向每一位女性读者传达“勇敢追求自己想要的生活，快乐做自己”的观念。很高兴看到现代的女性越来越有自主力，她们敢说、敢做，勇敢争取自己的权益，追求自己的梦想；她们努力提升自己，让自己变得更迷人，更有魅力。而这一切除了自身的涵养、处世态度外，关键的便是从“会说话”开始——**女人一张嘴，遍地是机会！**“会说话”将影响女人的一生。

但如何把话说好呢？美国汽车大王福特曾说：“如果成功有捷径可以走，那么站在对方的立场去思考问题，是一条最近的道路。”想要把话说得好，说得漂亮，首先要懂得“**切对角度**。”现代人崇尚个人主义，常从自己的角度去思考问题、与人说话，但若是和对方从头到尾驴唇不对马嘴，那么就算话说得再漂亮，再言之有物，恐怕也是徒劳无功。

本书的前两章，谈论女性的人际关系以及在职场中的说话之道。其中，“**说话技巧**”尤其重要，因为说话技巧的高低，关系着与他人沟通往来的能力高低，也影响着是否能够抢得“职场的先机”。而“**一个恰当的提问**”，往往能使话题继续下去。就像投出去一记好球，对方要能顺利接到球，才会有后续的发展。

“**避重就轻**”是说话的一门战术，它的真义是避开敌人的锋芒，找出其弱点，主动出击，从而让自己巧妙取得优势。在职场中，可以作为保护自己的手段。巧妙地运用于生活中，也可以适时避开尴尬。

另外，要能“找对人，说对话”。俗话说：“知己知彼，百战百胜。”说话之前看清目标，了解状况之后再发言，千万不要误判形势。说错了话，走了冤枉路，那可就得不偿失了！

而后两章提到的爱情和家庭话题，我想要告诉女性读者的是：你的说话方式，直接决定了你的人生幸福与否。关键的因素在于：人往往容易忽视熟悉的人。于是，该说谢谢与爱的时候，变得懒惰不说，抑或是认为彼此已经如此熟悉又何必这么客气；该将负面情绪自行吸收的时候，却习惯性地转移到最爱的人身上。

事实上，同处在一个屋檐下的爱人或家人，更要注重礼貌和理解，这样才能长久地维持感情。所谓的礼貌，并不只是凡事要彬彬有礼，而是要“真正懂得和尊重对方内心的想法”，也就是要深入对方的内心世界，了解对方的真实个性和处世观念。如此一来，才能进行正向的交流沟通。

对于所爱的人，在适当的时候，放下平日的大女人作风，向他撒撒娇，非但不是软弱和服输的表现，反而更能显现出你自身的韵味，增添生活情趣。若能掌握好撒娇的火候，就可以散发浪漫的气息，为自己加分，更能使感情升温。

放宽心胸，时常赞美另一半。不要心胸狭隘地计较另一半的工作和薪资。发现对方的优点，让另一半在你的赞美声中，越来越自信与勇敢。

另外别忘了，偶尔和另一半斗斗嘴。深深相爱的恋人们，常常对于斗嘴乐此不疲，从内心深处享受这种相互信任、相互包容的感觉。但要留意不能在言语上太过恶毒地攻击对方，不然很容易造成相互之间的冲突，甚至造成感情的破裂。很多时候，恋人之间的问题，都出在为逞一时之快，而向对方口出恶言上。

学会使用温柔的语言，别用“刀子嘴”刺伤对方。人的感情有时候是很脆弱的，尤其是在面对自己爱人的时候，往往是爱得越深，越不知道该如何表达。所以，千万别因任性而说一些连自己都无法接受的话。否则话一出口，说者无心，听者有意，再想挽回，一切都为时已晚。

最后，与人说话，虽然要真诚，但也别忘了“谎言”的力量。有时候，必要的谎言可以保护自己。学习说一些善意的谎言，只要不违背自己的原则，也没有牺牲他人的利益，那么，说谎又何妨？如果谎言是为了增加爱情的甜蜜，有何不可？很多时候，爱情里的谎言，就像是两个人之间的甜蜜暗号，体现着人性善良的一面，能够替爱情注入新的润滑剂。从某些方面来讲，善意的谎言更是在乎对方的表现，否则，谁会为了你而用心良苦地编造谎言？

真心祝福每位女性朋友因“会说话”而使自己离人生目标更进一步，继续努力向前实现梦想。共勉之！

魔女Sha Sha

2015.1

Contents

目 录

Chapter 1 人际关系一级棒的说话术

Contents

目 录

Contents

目 录

Chapter 2 事业步步高升的说话术

Contents

目 录

Chapter 3 爱情课题堂堂满分的说话术

Contents

目 录

Contents

目 录

Chapter 4 家庭幸福美满的说话术

Contents

目 录

人际关系一级棒的说话术

Chapter 1

一句有口无心的话，可能会引起误会；而一句道歉的话，可能会平息即将发生的争执。培养说话的技巧，说正确的话，将复杂的人际关系，处理得有条不紊，使人际关系一级棒！

01. 会说话的女人不会轻易插嘴

说话对每个人来说都非常重要，尤其是女人，因为你们独特的柔美身段和温柔言语，是打动人心的有利条件。但是，听别人说话同样也是一件很重要的事情。掌握好说话的尺度，你就能成为人际往来中的“女王”。

你有没有过打断他人说话的举动？

当对方正在公布一件重要事情的时候，你不合时宜地打断了他的话，并提出质疑。

当你正和上司谈论工作的时候，有人插话进来，试图和你讨论其他事情。

当这些事情发生的时候，对方是怎样的表情，你又是怎样的心情呢？

心理学家曾经提出过一个心理定论：当一个人有话要说的时候，他会启动一种心理状态，并准备开始讲话。从这个时候开始，直到他将话说完，他才会察觉到你的存在，并听取你的意见。

所以，如果你希望对方能够听进去你所说的话，最好等对方将他想说的话说完之后，你再开口。不然，你就必须一开口就说出让对方极度感兴趣的话。这样一来，就算你打断对方的话，他也不会太介意。

谁都想随心所欲地说话，但不能破坏规矩

雯雯是个性格开朗的女孩，每到一个新的工作环境，她开朗的性格总是很快受到同事的喜爱。但往往过了一段时间之后，大家就开始对她敬而远之了。

原来，在工作的茶歇时间，雯雯很喜欢找人聊天。这本来不是一件坏事，但是雯雯爱插话的坏毛病实在让大家受不了。这天她又拉着欣欣聊八卦，欣欣本来想聊一些演艺圈的绯闻，但话还没说完，雯雯就打断了她的话，将话题引到别的地方。欣欣见状想要再转回原来的话题，但话说没两句，就又被雯雯岔开了话题。直到聊天结束，都只听见雯雯自顾自地说个不停，欣欣一脸无奈。

等到下一次，当雯雯再想和欣欣聊天时，欣欣当然就不愿奉陪了。而其他的同事也是如此，只要和雯雯聊过一次天

之后，一看到她远远走来，就会赶紧逃开，唯恐避之不及。

在一次会议上，大家讨论公司业绩下滑的问题时，经理在台上滔滔不绝地数落着同事，丝毫没有考虑如何解决问题，只是开心地发表着她自以为厉害的长篇大论。就在大家一脸无奈又昏昏欲睡的时候，雯雯忽然举手发言：“经理，我建议公司客服电话可以考虑多设几条线，因为客服部已经接到好几次客户抱怨打不进来电话的投诉了……”

忽然间，大家全望向雯雯，心想她竟然敢打断经理说话，真是太不知死活了。没想到经理听完她说的话却笑了。事后，她赞扬雯雯提出了很好的建议，也鼓励其他同事以后发现公司问题要及时提出，为公司谋利。

原本因爱插话引起同事反感的雯雯，经过这件事后，也渐渐了解到打断他人说话是不礼貌的行为；但如果要说的话或意见足以吸引对方的注意力，那就值得这么做。不过其中的利弊还是要自己拿捏清楚。

做一个会说话的聪明女人，**说话从心所欲，但不随便打断他人的话。**这既是一种对他人的尊重，更是一种聪明的处世之道。

随意插话，是职场中最愚蠢的行为

这天，萌萌正在办公室和自己的客户谈生意，关键时刻，她的好朋友慧娴过来找她。慧娴的个性大大咧咧，经常想到什么就说什么，有时会冲动行事。她看到这个客户以为他只是来找萌萌聊天的人，便毫不在意地插话进来：“萌萌，我跟你说哦，刚才我过来的时候，在电梯里看到……”

萌萌向她使了个眼色，示意慧娴现在不是讲八卦的时候。慧娴却浑然不觉，依然在滔滔不绝地说着她的“电梯见闻”。萌萌只得无奈又明白地告诉她：“亲爱的，这位是我的新客户，我们正在谈生意！”慧娴这才住嘴，找了个借口尴尬地离开了萌萌的办公室。

萌萌和客户继续刚才的话题，好不容易开始进入状态，慧娴又推门进来。原来，她觉得自己很失礼，想要进来向客户道歉。客户见状，心知谈生意的事情很可能无法继续了，便起身说道：“看来今天你很忙，我改天再来拜访好了。”然后转身离开。当萌萌再次邀请这位客户的时候，对方早已和别的厂商签约了。

如果不是慧娴前来插话，萌萌的这笔订单很可能已经水到渠成了。随便打断他人的话，或者中途非要插话进来，是很惹人生厌的行为，会在不知不觉间，将自己的好形象破坏殆尽，甚至影响到自己的人际关系。要想获得好的人缘，让别人喜欢你，就千万不要在别人说话的时候不分轻重缓急、不分青红皂白地插话，成为“没眼色一族”。

沟通的第一步并不是说话，而是倾听，不要轻率地打断他人的话。插话的人往往在他人说到兴头上的时候，冷不丁地插话进去，让对方措手不及，心生反感。不管对方说的是什么，强硬地将话题转移到自己感兴趣的话题上去，有时甚至把对方的结论代为说出，借以炫耀自己，其实这是最愚蠢的行为。一个不随意插话的女人，才能展现个人魅力，而不是让人心生厌恶。

喋喋不休，只会把客户吓跑

今天是菁菁第一天担任商品促销员，她很紧张，也很急切地想向一位顾客推销今天她所负责的洗发精产品：“这位先生，我们家的洗发精很好用，而且正在做促销，价格实惠又公道。”

“那我问一下，这种牌子的洗发精……”

菁菁立刻说道：“这种牌子的洗发精销路一级棒！是回购

率最高的商品！”

客人说道：“我不是要说这个，我想说的是……”

菁菁生怕客人走掉，更迫切地说道：“您的意思我明白，是不是担心洗发精会伤害发质？放心，我们的品质绝对没话说！”

客人有些不悦，皱着眉头说：“不是，我的意思不是这个，我是想说……”

菁菁再一次打断了客人的话：“您真的不用担心……”

话还没说完，客人终于失去耐心，转身离开。

在我们与人交谈的时候，不用太着急去揣测他人的心思。每个人都有自己的想法，立刻打断别人的话，帮他说完，抑或头头是道地发表自以为是的见解，都只会让对方很尴尬。

英国著名哲学家培根曾说过：“**随便插话的人，要比发言冗长的人更加令人讨厌。随便打断他人的话是一种最无礼的行为。**”喋喋不休地推销自己，不但不会让对方为你的口才所倾倒，相反，若不试图了解他人的感受，不分场合和时机地打断他人说话，甚至抢过别人的话继续往下说，这样不仅打乱了他人的思路，引起对方的不快，还会造成对方想说话却说不出口的窘境，从而渐渐使对方失去和你交谈的兴致。

一个有修养的女人，在与他人交谈时，就算对方长篇大论地讲个不停，她也不会轻易插嘴，而是会静待对方把话说完。因为无论何时，打断他人的话不仅是不礼貌的行为，也不利于双方达成一致的协定。

|会说话的女人最迷人| COMMUNICATION SKILLS MAKE WOMEN CHARMING

- 在他人说话的时候，不要一副心不在焉或随时准备抢走别人话题的模样。
- 静待对方说完他想说的话，再发表自己的看法，这会让对方觉得你是个有修养的女性，并对你留下良好的印象。
- 随意打断他人的话，是让人很反感的行为。就算对方说的话你已经听过无数遍，也请耐心听对方把话说完。

02.

明知她是阿姨，也要叫“姐姐”

在日常交际中，人们总是免不了要面对“称呼”这个课题，大多数人对于称呼十分敏感。若能选择合适、恰当的称呼，往往能够使一段谈话有一个好的开头。反之，则容易引起别人的反感，造成沟通障碍。善用称呼的力量，让你成为万人迷！

在日常生活中，称呼往往是个困难的选择题。如何得体地称呼一个初次见面的人，周围的人应如何称呼才得当，这些都影响着你的人际关系发展。

一个不得体的称呼，会让人觉得别扭，甚至难堪，导致气氛不和谐，甚至造成谈话中断。而一个得体的称呼，则能够在话题刚开始时就营造出和谐的气氛，使双方交流顺畅，让谈话顺利进行下去，有时候还能展现出双方关系的亲密程度。

Chapter

1

使用正确的称呼，人人都会欣赏你！

别犹豫，请叫我“姐姐”

甜甜出去办事，看到柜台里的工作人员是一位中年妇女，一时之间竟不知道应该怎么称呼她。喊她“大姐”吧，看她的年龄比自己大很多；但是喊人家“阿姨”吧，自己也老大不小了，这一叫好像会把人家叫老。

憋了很久，她犹豫地喊道：“阿姨，您好，我想办点事情，请问……”

话还没说完，对方的脸瞬间垮了下来。还没等甜甜把话说完，那位工作人员说道：“今天系统故障，所有的业务都无法办理。”然后把桌子上的文件一收，头也不回地离开了。

甜甜心知可能是自己把人家叫老了，后来再过来办事，这个工作人员对她的态度都不是很友善，三催四请才把事情办好。甜甜这才明白，面对一些不确定年纪的人，不管对方高矮胖瘦，脸上是不是有皱纹，都要尽量使用比较年轻的称呼，才不致把对方叫老了。

随着社会的不断发展，人们的思想观念也日新月异，相互之间的称呼更是五花八门、种类繁多。如果你的称呼用得好，那么对方便会欣然接受，甚至会对你的称呼感到心花怒放。在这种情况下，如果你对对方有什么要求，或者想请求对方帮什么忙，对方一定乐意之至。但如果你的称呼不恰当，就像甜甜一样，所使用的称呼对方并不领情，甚至产生了反感和厌恶，那么结果就是本来能够顺利办成的事情，也会一波三折。

人们的相互往来离不开语言，如果语言是战场上浩浩荡荡的大军，那么称呼无疑是冲锋陷阵的前锋。没有人能不打招呼就开始说话，也没有人愿意用“喂”或者“哎”来作为谈话的开头。然而，仅仅有称呼也是不行的，更重要的是要看你的称呼是不是合适得体。因为，人们一般对称呼是否恰当都很敏感，尤其是对初次打交道的人而言，称呼的恰当与否，甚至可能影响对方对你的第一印象，一定要非常注意。

用灵活的称呼赢得好感

淑贤上班的第一天，带她进行工作交接的是单位里的一位张姓部长。部长看起来四十多岁了，但是面容很年轻，就像二十五六岁的年轻人似的。第一次见面，淑贤恭恭敬敬地喊道：“张部长，您好！”部长听了很开心，笑嘻嘻又和蔼地说道："不用这么拘谨，喊我'老张'就行了。"

这下子淑贤可左右为难了，自己是个新人，刚到公司，就喊部长"老张"，这怎么可以？后来，在路上、电梯里偶遇部长的时候，淑贤的脑袋开始转不过来：到底该喊他什么？该怎么称呼他？淑贤真想干脆窝在办公室里不出去了，免得巧遇同事或者领导，却不知道该如何称呼，徒增麻烦。可是，就算是窝在办公室不出去，也总得去洗手间吧！但这样一来，难免就会遇到一些自己无法确定称呼的同事。

后来，淑贤想出了一个好办法：不管遇到什么人，都喊他们为"领导"。毕竟自己身处公务体系，没有人会不喜欢自己被称为"领导"的。这样一来，淑贤心中的大石头也暂且放下了。

称呼是一种灵活的语言，没有必要将其固定化，或者绝对化；运用得宜，你将如鱼得水。如果能够像淑贤一样，在进入一个单位后，先熟悉单位的企业文化，将其作为称呼他人的参考，就不会为称呼左右为难了。记得留意，同事之间的相互称呼，也是企业文化的一种外在表现。例如外商人士喜欢称呼对方的英文名字，而公务体系的人士喜欢听到高阶职衔等。

同事之间，相互间的称呼可以随意一些：上级对下级的称呼，使用昵称会比较好；而下级对上级，则务必使用尊称。在一些特殊的场合，如办公室、会议室等，要使用正式的称呼；而在聚餐、晚会等轻松的场合，就可以随意一些。总之，当你对称呼感到迷茫的时候，不妨灵活一点，选择一个大家都不会反感的称呼。不过，这个办法终归不是长久之计，还是要在平日的相处中多多留意，随着彼此的渐渐熟悉，调整适当的称呼，才会受人青睐。灵活的称呼术需要一点一滴地学习与累积，但无须过于担忧。只要在生活中多多观察，慢慢领会，很快，你也能找到个中诀窍。

对领导的称呼，不能掉以轻心

志刚和娇娇同时被一家知名公司录用，他们开开心心地到公司报到。没过多久，志刚内心还充满着一股干劲以及新鲜感，就突然听说娇娇被公司解雇了。经过打听，志刚才从同事那里得知原因。

原来，公司的总经理是一位四十多岁的女人，她的身材微胖，可能因为处在一个比较尴尬的年龄，所以特别敏感，平时最讨厌的就是人家说她“胖”，或者说她“老”。这天，她正站在走廊的窗户边呼吸新鲜空气，娇娇突然从她身后窜过来，拍了拍她的肩膀说：“阿姨，请问会计室在哪里？”

娇娇刚到公司，还没见过总经理，根本就不知道眼前这位“胖胖的阿姨”就是公司里的重要人物。总经理听到娇娇这么喊她，顿时愣住了。她心想：“这个员工怎么会喊我‘阿姨’呢？难道我看起来真的有那么老吗？这个称呼好别扭啊，难道我已经老到连喊我一声‘大姐’都显得过分？还是说我看起来像是公司的保洁阿姨？”

称呼可以说是我们与人接触的第一印象，如果不知道怎么得体地称呼对方，那么就很难让对方对你产生亲近感，沟通起来也会很不顺利。我们在与熟悉的人见面时，都会很亲切、熟络地称呼对方，而这也是从不熟悉开始的。在与陌生人打交道的时候，选用一个得体而恰当的称呼，来表示自己对对方的尊重，在职场上会让对方尤其受用。所以，如何正确称呼领导，是一件非常重要的事情。

恰当地称呼周围的人，能帮助你建立良好的人际关系，也体现了你对他人尊重的态度。懂得如何称呼他人的女人，才会讨人喜欢。根据对方的年龄、身份、职业，以及你和对方的亲密程度，再结合谈话的场合等因素，来选择最得体的称呼，这样就能提升自己的魅力指数，成为一个“万人迷”。

|会说话的女人最迷人| COMMUNICATION SKILLS MAKE WOMEN CHARMING

- 在称呼他人的时候，要选择比对方实际年龄小一些的称呼。
- 在不熟悉环境的情况下，可以选择一个大家都不反感的统一称呼；随着对环境和周围人士的日益了解，随时进行调整。
- 对他人的称呼要谨慎，不能随心所欲，想用什么称呼就用什么称呼，这样只会让对方觉得你不尊重他。

03. 别总是“我”“我”“我”，要开启话题让对方说

我们都曾有过这样的经验：当我们和对方没有共同语言或话题的时候，会觉得整个谈话过程都是无聊而令人烦闷的。在谈话中，不要总急着出风头，多多谈论别人感兴趣的话题，这也是让自己立于交际的不败之地的好办法。

在我们的日常生活中，有一群这样的女人，她们无时无刻不在揣摩他人的意图，逢迎他人的喜好，以便自己做出的举动，能够讨人喜欢。

虽然这种人不值得我们学习，但值得我们深思的是：为什么她们会这么做？为什么她们宁愿奉承他人？原因无非是对方吃这一套，人性中都有喜欢被讨好的一面。

所以，在人际交往中，我们要留意，在谈话中不能只顾自己的喜好，而要多考虑一下，对方是不是对你目前的话题感兴趣。一旦对方的兴趣与你的话题产生了冲突，就会产生

沟通障碍。

想要做一名人见人爱的迷人女性，就要学习放下自己滔滔不绝的话题，多谈论他人感兴趣的事物，让对方萌生与你说话的欲望，并觉得能够与你交谈得非常尽兴；这样的话，你的人际关系，又将前进一大步。

成功制造话题——你的兴趣是什么

彦熙是一名保险推销员，她最近频繁地去拜访一家公司的李经理，希望他能成为自己的客户。可是接连好几次，彦熙在介绍保险种类的时候，李经理都显得心不在焉。

这次，彦熙说得口干舌燥，对方却依旧无动于衷。彦熙喝了口水，无意中发现李经理的办公桌上放着漫画《神之水滴》（以葡萄酒为主题的漫画书），书柜里摆放着一些红酒。彦熙灵光一闪，问道："李经理，您是不是很喜欢红酒？您觉得漫画《神之水滴》和现实吻合吗？"

本来已经对谈话失去兴趣的李经理听到她提起红酒，顿时精神抖擞。他兴致勃勃地和彦熙谈起自己在看《神之水滴》时的感悟，对于其他人关于《神之水滴》的评论，也发表了自己的意见。彦熙和李经理相谈甚欢。当然，最后李经理成为彦熙的客户，彦熙顺利地签下了保单。

沟通原本就是为了建立彼此之间的桥梁，所以，在说话的当下，要把握机会维护相互之间的关系。当你发现对方明显有些兴致索然的时候，说明他已经不关心你在说什么了。这时你所要做的，就是尽量重燃对方的热情，这样才能将谈话继续下去。如果你只是继续滔滔不绝地谈论对方不感兴趣的话题，那么你们之间的谈话就会很快结束。

想想，我们和亲朋好友一起外出旅行，当你面对相机里满满的照片，你第一个要寻找的是谁？当然是你自己。人们感兴趣的话题，无非是自己："我"的工作，"我"的爱人，"我"的家庭，"我"的一切，都比较重要。

所以，在和他人交谈的时候，不要太以自我为中心。如果在你的话语中，"我想""我觉得"这类词汇出现的频率比较高，那么你就应该多加注意了。**要学会把"我"从谈话内容中剔除，把"我认为"之类的词汇，替换成"你觉得呢"。**在叙述关于自己的事情时尽量简短，更不要滔滔不绝地对他人倒苦水。多讲一些他人感兴趣的话题，就不至于让你和对方无话可说，造成冷场局面了。

直指话题核心，达到感情共鸣

这天，素素接到一个电话，得知一位客户购买了他们集团的房子，但是住了一段时间后，觉得房子的隔音效果太差，想请公司派人前去处理。素素将情况告知工程师，但工程师去检查了以后，觉得问题不大，没有做任何处理便离开了。谁知这下得罪了客户，他怒气冲冲地要投诉那位工程师。

无奈之下，素素只好陪同工程师再次上门。客户不停地指责他们不负责任，欺瞒消费者。素素没说话，只是先静静地听对方发泄怨气。忽然，她瞥见客户桌子上放着的照片，是两个年轻孩子站在国外大学校门外的合影。于是，等客户稍微恢复平静的时候，她问道："照片里的是您的孩子吧，是在国外上大学吗？"

这句话，打开了两个人的话匣子。客户告诉素素，他的两个孩子都在国外读书，妻子的工作也在外地，自己常年守着这栋房子，空荡荡的没什么人声，所以才对声音很敏感，只要有点杂音，他就会觉得很烦躁。

素素和这位工程师这才明白缘由。工程师表示会尽最大的诚意，来为他解决噪声问题，甚至亲自将耳朵贴到墙上，判断杂音现象到底有多严重。而此时，客户反而说道："其实也还好，没有那么严重！"最后，这位客户还介绍了新的客户给素素，以感谢她的细心体贴。

在和陌生人初次接触的时候，谈论对方感兴趣的话题，能够迅速建立起和谐的关系，促进两人长久的交流，甚至能够化解他人对你的敌意。有谁会不关心自己的孩子呢？更何况孩子在国外读书。素素就是把握了这一点，让客户主动谈起了自己最关心的事情，从而得知了缘由，使得事情有了解决的契机。

聪明的女人懂得将心比心，知道如何抓住对方感兴趣的话题，吸引对方的好奇心和注意力，在短时间内缩短彼此的距离。就像两个熟悉的朋友，在闲话家常一样；心理上的隔阂减少了，交流便能顺利进行，一切问题也就能迎刃而解。

说话是艺术，别将心思全盘托出

美嘉周末来到妈妈的店里帮忙。一段忙碌的时间过后，美嘉有点口渴，便起身倒水。然而她发现放在角落里的那台饮水机已经很旧了，便建议妈妈买一台新的。

另外，美嘉看到商店里的旧饮水机隐藏在货架后面，饮水机旁边还放着脏脏的烟灰缸和一些廉价的小商品。她灵机一动说:“妈妈，你想想，我们可以把饮水机放在商店门口，这样经过的路人，如果口渴了想喝水，就有可能顺便进来逛一逛。如此一来，商店的生意不就更好了吗？”

妈妈认真思索了一下，说道:“你说的也是，可是我最近没有要买饮水机的计划啊！”

美嘉说:“您可以先不买新的饮水机，把旧的饮水机换个位置就行。”

于是，在美嘉的建议下，妈妈把饮水机放到了门口，果然产生了揽客的效果。没过多久，妈妈就买了台新的饮水机回来。

有时，**纵使心中已有万全的计划，也别急着说出口，巧妙地将话题引到对方感兴趣的议题上，让对方在谈话中处于主导位置，从而达到宾主尽欢的效果。**

试想，在谈话中，当我们发现了对方感兴趣的话题，并由此引发愉快的谈话，甚至让对方不由自主地侃侃而谈时，这是多么令人欣慰的事情！反之，过度谈论自己，忽视他人兴趣所在，则会造成相反的效果。纵使你是顶尖销售员，你也将会因此失去很多客户；如果你原本有很多好朋友，他们也会因为你太过注重自我，而渐渐离你远去。

Chapter

1

会说话的女人最迷人

COMMUNICATION SKILLS
MAKE WOMEN CHARMING

- 心思缜密的女人，往往能够在和对方接触的时候，迅速发现对方感兴趣的话题，并将对方置于谈话的主导位置，引发对方交谈的兴致。
- 根据情境发掘双方感兴趣的话题，就能使对话更加顺畅。
- 说话时不要太过注重自我，要关注对方多于关注自己，这样谈话才能顺利继续下去。

04.

丢脸又如何？敢自嘲的女人最迷人

生活不会一帆风顺，总是存在着各式各样的突发状况。如果在不知不觉中，处于极度尴尬的境况，这时该怎么办呢？难道要立正罚站，傻傻地在别人面前面红耳赤、无地自容吗？还是用自嘲的方式，把自己从困窘中解救出来吧！

人生的旅途那么漫长，谁都会不小心摔跤，弄得自己狼狈不堪，抑或被人有意无意地伤害，陷入难堪的境地。遇到这种情况，我们不妨通过适时的自嘲，来化解尴尬，重新掌握局面的主动权。

自嘲是要揭开自己的伤疤，这是一种绝佳的智慧与勇气。这份勇气，值得别人为你喝彩！

自嘲是幽默的最高境界，它是一种深沉的智慧。它源自于我们对生活的认真领悟，以及清醒认识到自己不足之后的冷静和睿智。

Chapter

1

做一个迷人的女人，要拿得起，放得下，**不因为出丑而耿耿于怀，不因为别人的揶揄而怀恨在心，更不会因为一些小事情而想不开。**自嘲是一种智慧；敢自嘲的女性，是最迷人的勇者。

懂得自我解嘲，更能赢得尊重

天气阴沉沉的，像是快要下雨了，静安出门前考虑要不要戴帽子，她猜测一时半晌还不会下雨，所以便直接去上班了。

静安正骑着车，突然一阵大风迎面吹了过来。原本一头乌黑秀发的静安，瞬间变成了头发稀少、毫无形象的女人。原来，大风把静安的假发给吹掉了，周围的人见状都笑了起来。

静安沉默了一下，不慌不忙地说道："这头发本来就不属于我，从我头上掉下来，又有什么可笑的？"

周围发出了一阵善意的笑声，一个年轻人飞快地跑过来，将假发捡起递给静安。一场小小的喧闹，就像打湿地面的第一滴雨水，很快便消失得无影无踪。

我们暂且不去关注静安的头发为什么会是这样，也不去关心静安有没有为这样的头发苦恼过。但在这起事件里，如果当时静安的反应是立即刹车，然后从车上跳下来，手忙脚乱地捡起假发再戴上，这样滑稽的场景，想必会让围观的人更多，笑声更大，而她自己也会更没面子。静安用诙谐的语言，自嘲了一把，将自己的乐观、自信和勇敢，展现在大家面前，让大家原本看好戏的心理，转化成了同理心，可谓是很高明的说话方式。

当人们遇到尴尬的时候，总是容易手足无措，左右为难，不知如何是好。此时，学会适当的自嘲就很有必要。**语言有一种很神奇的力量，自嘲表面上看是嘲弄了自己、笑话了自己，实际上，却是一种大度和从容。**它充满着面对人生挑战的智慧和大度，能够制造出欢乐和谐的气氛，让所有人都觉得轻松和自在，从而提升你的魅力指数，使你成为一个迷人的女性。

处于尴尬境地，还能够坦荡地自嘲，不仅是一种风度，也是一种修养。如果能妥善应用自嘲的力量，就能将尴尬的场景，转化为会心一笑；在笑声中，你的智慧和迷人的魅力，都会被大家看到。

Chapter
1

自我解嘲，胜过针锋相对

春节刚刚过去不久，小羽在公交车站等车的时候，不小心撞到了前面的一位大妈。小羽刚想开口说声对不起，便听到大妈不满地嘟哝："这马年才刚到，怎么就出现一匹横冲直撞的野马，一不小心，这站牌还会给撞出个大洞呢！"听到这番话，人群中发出一阵哄笑。

小羽心里顿时升起一股无名火，原本道歉的话到了嘴边，也不想说了，反唇相讥道："更奇怪的是，蛇年都过了，怎么还有人在嘶嘶叫！"这下子，周围的人笑得更响亮了。

就这样，小羽和大妈你一言、我一语地对骂着，谁也不甘落后。眼看着围观的人越来越多了，小羽心想，再这样没完没了地吵下去，自己的事情都给耽误了，太划不来。于是小羽率先举起了白旗，说道："哎呀，阿姨，说到底是我撞到了您，您吃过的盐比我吃过的饭还要多，都是我的错，您就别跟我计较了吧。"

大妈看到小羽软化的态度，也感到有些不好意思。于是一场原本充满了火药味的对骂，就这样结束了。

在生活中，难以避免与其他人发生摩擦。此时，如果两个人相互争吵、互不相让，非要争个你死我活，就容易愈吵愈烈。尤其在公开场合，在众多围观的人面前，一方不想委曲求全地低头，另一方也不想太没面子地认输。这个时候，适度地自我解嘲，往往能够化解冲突。小羽就是巧妙地运用自嘲的方式告诉对方：看在您是长辈的份儿上，今天的事情就这么算了吧！如此一来，既诙谐地结束了两人的争斗，也显示出自己的机智和大度。

也许有人认为，自嘲是一种示弱的表现，是暴露自己的缺点，其实不然。正因为自嘲需要拿自己的缺点来开玩笑，甚至将自己的短处放大，正确剖析，所以才能博得别人一笑。所以，**那些缺乏自信的人是不敢自嘲的，因为没有乐观洒脱的心胸，就无法做到这一点。勇于自嘲，比硬碰硬更有力量。**

勇敢自嘲，展现危机处理能力

进入会议室的时候，经理再一次提醒大家，将自己的手机调成无声或者振动模式。杏娟拿出前几天刚买的手机，按了几个键之后，便随手放进了口袋里。

开会的时候，经理正在讲话，杏娟的手机却突然响起了悦耳的铃声，在安静的会议室里，格外刺耳。经理和同事们全都抬起头，看向杏娟。

杏娟有些尴尬，慌忙中将手机按掉，然后看到整个会议室的目光都集中在自己身上，她不好意思地笑笑，说道：“很抱歉，这山寨手机我才买几天，没想到功能这么山寨！”

同事们听到杏娟这么说，全都哈哈大笑，经理也忍不住笑了出来。会议继续进行，经理也没再与杏娟计较，继续讲话。

像这样尴尬的场合，**自嘲可是一副不可多得的灵丹妙药，能及时化解尴尬，恢复正常的气氛，将你从众矢之的中解救出来。**一位著名的口才大师曾说：“无论你想笑什么，都不妨先从笑你自己开始。”在一片尴尬的氛围里，杏娟成功地自我解嘲，化解了紧张的气氛，也在主管面前展现了自己的危机处理能力。可见，自嘲的真正目的并不是在众人面前暴露自己的缺点，而是急中生智、打破僵局，让事情继续顺利进行下去的妙招。

当你面对挑衅的时候，自嘲能够让你化险为夷；当你被别人盛情相邀却又不便前往的时候，自嘲能帮你不露痕迹地表达拒绝；当你陷入窘境的时候，自嘲能够帮你体面地从中脱身。学会自嘲，将尴尬变成笑声吧。

自嘲并不是自我辱骂，更不是让自己更难堪，而是展现

自己的自信。这需要把握一定的分寸，使说出的话既能够愉悦别人，也能够显示自己的幽默。恰当地自嘲，让他人看到自己的不足，非但不会让他人小看自己，反而会令人刮目相看！

|会说话的女人最迷人| COMMUNICATION SKILLS MAKE WOMEN CHARMING

- 当你陷入手足无措的境地时，不妨开开自己的玩笑化解尴尬。
- 自嘲非但不会暴露你的缺点，反而会为你增添光彩。
- 自嘲是幽默的最高境界，是不可多得的说话技巧。但只有心胸宽广的女性，才能成功地运用自嘲。

05. 换位思考——让你赢得人心

在这个世界上，没有说不好的话，只有不会说话的人。当你觉得无法与对方沟通下去的时候，不妨换位思考，也许事情就会柳暗花明。懂得站在对方的角度分析问题的女性，才能受到大家的欢迎。

美国汽车大王福特说："如果成功有捷径可以走，那么站在对方的立场去思考问题是一条最近的道路。"

我们习惯于在谈话中只关注自己，并且试图将自己的想法强加给别人，总觉得自己的想法都是对的，是解决问题的唯一方法，而没有站在对方的角度好好想一想，这么做是不是真的合适。如果自己遇到了麻烦，会不会选择同样的方式来解决？

不管三七二十一，总喜欢长篇大论，并试图逼迫别人接受自己观点的人，是不会受到大家欢迎的。懂得先退一步，了解他人后再说话的艺术，可以让话题顺利继续下去，并且成功赢得人心，让你获得好人缘。适时转换自己的思路与话题，在人际关系中会使你更加游刃有余！

对症下药——依据对方的性格与特点说话

月月经营着一家很大的布料店，专门为一些成衣工厂供应所需要的布料。有一次，一位客户来工厂看布料，因为对方的需求量比较大，所以月月不敢怠慢，亲自接待了这位客户。

在交谈中，月月发现这位客户的性情有点急躁，一旦与人意见相左，他就会立刻全盘推翻对方的意见。于是，在带领客户看样品的时候，月月适时地夸赞了他，说他工作资历深厚，选择布料的经验丰富，而且目光如炬。最后，商定价格的时候，月月先将每码[1]布的价格定在了30元，然后说道：“在这方面您也算是行家了，我们的开价是按照市场行情，就算给您多报，肯定也骗不了您。这样的价格要是您不满意，我们立刻重新帮您估价。”客户早在月月的赞美中飘

1　“码”是英美制长度单位，1码约为0.9144米。

飘然，最后很痛快地定下了每码 25 元的价格，而公司的布料进价其实是每码 22 元。

月月很好地把握住了对方的性格特点，并从这点出发，有技巧地说出恭维的话，从而让对方开开心心地和她达成了交易。倘若我们都能够像月月这样站在对方的立场，多想一想，从对方的角度去分析问题，那么彼此的谈话，就会取得超出预期的成效。这种在谈话中投其所好的技巧，往往比语言本身更具有说服力，能更快地打动对方。

依据对方的性格特点说话，其实并不容易。它需要你拥有敏锐的观察力和一颗洞察先机的心。但这并不是不可能做到的，尤其对于敏锐聪明的女性来说，更不是一件难事。如果不深入了解对方，那么谈话成功的概率就会大大降低，很多生意便无法顺利谈成；原本简单的事情，也许会变得很复杂。所以，真正懂得说话技巧的女性，总是会努力依据他人的个性去看问题，并且从谈话中不断吸收经验和教训，不断地培养、提升自己为人处世的能力和与人交流的技巧。

说说“题外话”，就能不再陷入困局

晓蕾是一家杂志社的编辑，最近主编安排她去邀请一位作家给杂志撰写一篇专栏文章。晓蕾接到这个任务后，左右为难。原来，这位作家是圈子里出了名的“老顽固”，约他写稿的人络绎不绝，但能让他顺利点头的屈指可数。晓蕾大伤脑筋，虽然在正式见面之前已经做好了心理准备，但还是非常紧张。

结果不出她所料，和作家约稿的时候，果然陷入了困局。晓蕾试图将话题引导到约稿上，可是作家总是在谈论自己的猫咪。晓蕾很头痛，便有礼貌地告辞，约好改天再登门拜访。

再次上门的时候，晓蕾做足了功课。她把所有关于这位作家的访谈报道研究得非常透彻。她对作家说：“前辈，说个题外话。听闻您的大作最近要被翻译成英文，在美国出版了……”

作家一听是关于自己的事情，马上表现出了浓厚的兴趣。晓蕾又说道：“我想请问您，您的文字用英文能不能被准确地表达出来，以保证在美国上架的时候，还保留着原汁原味的风格？”

作家说道：“就是这一点特别让我担心！”

话题于是得以继续下去。当然，最后晓蕾顺利完成了任务，成功拿到了作家的稿件。

如果没有良好的氛围，一段谈话是无论如何也继续不下去的。所以，如果我们想要开始进行一段有目的的谈话，**先不要急于切入正题，适度地说一些题外话，例如对方感兴趣的事情，或者与对方有关系的事情等。**以此增加两个人的熟悉度，为接下来的对话营造一个良好的气氛，让对方尽快地接受我们，对我们产生兴趣。接下来，话题才能更加顺利地进行下去。

站在对方的立场，从对方的角度去观察、说话，并且设身处地为他人着想，才能感动对方。要知道，人的痛苦之一，就是没有人理解自己。如果你能站在对方的立场说话，让对方觉得你和他是一方的，那么对于对方来说，你将会是一个值得谈话的对象。

“高帽子”人人都爱，适度归功于对方

眼看着客户订购的珠宝马上就要开始投入生产了，梦云却发现某些零件出了点问题。因为客户的订单要得比较急，当时为了加快进度，梦云委托一家厂商帮他们生产珠宝零件。但在拿到货物的时候，却发现零件不符合规定。

梦云只得请厂商重新做一批，可是对方却迟迟不愿意动

工。眼看双方僵持不下，梦云仔细想想，便跟厂商的负责人说："真的是很抱歉，造成这样的结果，我想这次完全是因为我们这一方的疏忽大意，造成你们吃亏，真的是很过意不去。这次幸亏有你们帮忙，我们才能发现这样的失误。但是事情到了这个地步，还得仰赖你们将零件制造得更加完美一些，这样对我们双方都有好处。"

厂商的负责人听了这番话，便很干脆地应允下来，用最快的速度做出了梦云所需要的零件，而且没有另外收费。

可以想象，如果梦云坚持将责任全都推给厂商，并且命令厂商重做，那么厂商可能就不会这么痛快地答应下来。作为一家专业生产零件的厂商，有谁愿意听到外行人指责自己的专业水准呢？梦云选择为他人着想，站在厂商负责人的角度考虑问题，将功劳全都归于对方，而将责任全都自己揽下来，使得对方心花怒放，问题才得以顺利解决。

所以，我们和对方谈论事情的时候，**先不要急着下结论，稍微花一点时间，站在对方的立场，将整件事情做通盘考虑。**并询问对方对于此事的看法，看看对方想要怎样解决问题。当你和对方无法达成一致意见的时候，不妨停下自己的脚步，冷静思考：对方是出于怎样的想法和你交流的？如果你能成功掌握对方的想法，说出对方想听到的话，那么事情很快就能迎刃而解。而且，对方还会因为你的诚恳和贴心，建立起对你的信任，接下来的合作，想必会非常愉快。

|会说话的女人最迷人| COMMUNICATION SKILLS MAKE WOMEN CHARMING

- 人们总是希望他人相信自己是对的，并且按照自己的意志行事。其实，站在对方的立场来解决问题，更能获得成功。
- 设身处地站在对方的立场说话，是很不容易做到的。我们需要从一次次的谈话中吸取经验及教训，让自己不断成长，才能精益求精。
- 当我们学会为他人着想，懂得归功于对方的时候，也就为自己的成功铺平了道路。

06

会“说”会“问”，事情就已成功一半

交流是双向的关系，在交流中，必须有沟通才能达到交流的目的。因而，在交谈的过程中，不能由单方面一直不停地说话，听者也要适当根据对方说话的内容提问，这样才能主导沟通的方向，让自己掌握发言权。

在运动场上，运动员们流畅地投球、接球；大家相互配合，比赛就能顺利进行，一气呵成拿到好的成绩。

人与人之间的谈话也是如此。一个恰当的提问，就像投出去一记好球；对方顺利接到你的球，接上你的话头，将话题继续下去，最后达成双方的共识。而一个坏的提问，就像一记坏球；使对方无法接到，最终影响整场比赛的成绩。

要学会在讲话的时候正确地提问，建立起与他人沟通的正向机制，才能有效拓展自己的人际关系。

Chapter

1

关键问题，一个就够了

市内举办了一场成功企业座谈分享会，受邀者大多数是小有名气的成功企业家。小霞的老板因为事务繁忙无法出席，就请小霞代替自己前去参加这场宴会。小霞心想自己到了那里，只要露个脸，打个招呼就行了，于是就答应了。

没想到，到了会场一看，全场只有五张桌子，而小霞偏偏又被安排在一个企业家的旁边。这下子小霞觉得万分难熬，自己不过是公司一个部门的经理，跟这些身价不菲的企业家聚在一起，能够聊什么？

后来，小霞灵机一动，问了企业家一个问题，便化解了自己的尴尬处境。她很有礼貌地问那位企业家："我早就听闻贵公司的大名了，请问您的生意是怎样成功的？"这一句看似不起眼的发问，却让企业家话题大开。他眉飞色舞地向小霞讲起自己创业的艰辛历程，从白手起家到功成名就，从创业的艰难到如今回想起往昔岁月的感慨，一整晚企业家都滔滔不绝，而小霞则很有礼貌地静静聆听企业家多年的成功经验。

最后，小霞不仅从中学到了不少宝贵的创业经验，也因为一句巧妙的发问，帮助自己摆脱了尴尬的处境。

即使是身份有别、身处自己不适应的场合，只要能找到合适而对方也感兴趣的话题，那么两人之间就能成功建立起密切的关系。小霞通过正确的提问，讨得了对方的欢心，使得对方一整晚都滔滔不绝，避免了双方无话可说的窘境。

也许有人会认为，发问是一件很困难的事情，不知道对方感兴趣的话题到底是什么。但实际上，问题往往就在你眼前。例如当你看到对方在不停地抽烟，而他点烟的动作很特别，你就可以跟他说："你点烟的动作真特别！"这样话匣子就能自然而然地打开了。尤其在面对一些害羞、内向的人的时候，巧妙地率先发问，有助于打破僵局。

引导式提问，直达目标核心

飒沐在银行工作，这天有位年长的客户来银行开户，在填写表单的时候，只填写了一部分信息。按照规定，信息不全是不能开户的。飒沐想了想，如果强硬地告诉他，信息不全不能开户，不但看似倔强的年长客户会生气，事情也会更难处理。于是她问道："请问，您把资产都存到银行，那么在发生突发状况的时候，是不是非常希望银行能将您的状况转告您的亲属呢？"

客户点了点头，说:“这个当然。”

飒沐继续问道:“如果银行没有您亲属的联系方式，在您有突发状况的时候，是不是无法准确联系到您的亲属，维护您账户的安全呢？”

客户说道:“是啊。”

飒沐于是说道:“那么，您介意把表单上的内容补充完整吗？将您亲属的信息提供给我们，这样才有助于银行永久保护您的财产。”

客户笑着将表单拿回来，填好了全部的信息。飒沐通过几个别出心裁的提问，让客户意识到完善信息的必要性，并且让对方感觉到，这样做的目的是实实在在地在为他本人的财产着想，如此一来，客户便愉快地接受了她的要求。

很多时候，我们都会出现和他人意见相左的情况，而解决分歧的办法，绝对不是围绕着问题本身吵个不停，而是在一开始就绕过分歧点，从大家都表示同意的地方，开始重新提问，和对方达到同一个目标。而为了顺利达到这个目标，双方都必须做出让步。没有必要为谁对谁错争论半天，也不用苦口婆心地告诉对方该怎么做。善用提问的方式，引导对方先把结果说出来，问题就能很快得到解决。

多方面提问，成功十拿九稳

梦玲来到一家水果店，问道："老板，你这里有枣吗？"

老板急忙出来："有啊有啊，我这里的枣都很大，每个都很甜，而且很新鲜！"

梦玲走上前看了看，并没有购买，转而去了第二家店。她同样问道："你这里有枣吗？"

老板答道："有啊，酸枣、甜枣都有，您喜欢吃酸的还是甜的？"

梦玲说："那就给我来两斤酸枣吧！"

老板一边忙着替梦玲称枣，一边问道："来我这里的客人大部分都喜欢甜枣，您为什么喜欢吃酸的啊？"

梦玲高兴地说道："哈哈，因为我儿媳妇怀孕啦，特别喜欢吃酸的，所以我就替她买点酸枣回去。"

老板露出灿烂的笑容，说道："那真是恭喜您，马上要抱孙子啦！儿媳妇有您这样的婆婆，一定很幸福吧？"

梦玲开心地笑着："哪里哪里，怀孕了，当然要让她吃好点！"

老板说道："是啊，怀孕的女人最怕营养不良了！那您知不知道怀孕的女人适合吃一些富含维生素 C 的水果，这样生下来的孩子会比较聪明。”

“是吗？”梦玲问道，“那你这里哪些水果可以推荐？”

“您看，像奇异果、橙子，都是维生素C很丰富的水果，要不要来一点？”老板说道。

于是，那天梦玲除了买酸枣，还买了奇异果回去。而且，以后有事没事都会到这家水果店，替儿媳妇买水果。

提问就该不设限；掌握多方面提问的技巧，才能达到良好的效果。人与人之间的交流是一种双向的沟通，并不是你自编自演的独角戏，而是需要双方都投入感情和思想的过程。懂得正确提问，才能更加顺利地沟通。

在提问的时候，注意不要给人一种一开口就在盘问对方的感觉。话题要水到渠成，提问要自然，在闲聊中顺势引出话题，不露声色地将别人带领到你的话题面前。而且，如果他人不愿意回答你的问题，你就要仔细反省，是不是自己提问的方式不妥当。万万不可紧追不放，非要别人说出口是心非的话，那就太不识趣了。

会说话的女人最迷人 COMMUNICATION SKILLS MAKE WOMEN CHARMING

- 一个正确的问题，才能引发良好的谈话过程，所以选择正确的问题很重要。
- 巧妙的提问能帮你解决问题。遇到无法解决的问题时，不妨用几个问句，将问题抛给对方，让对方说出解决的办法来。
- 提问要讲究技巧，要和对方有平等的交流，否则会让对方有一种你在盘问他的感觉。

07.

开玩笑注意尺度，以免自己成为玩笑

很多时候开玩笑是一种令人开心的举动，它就像一杯顶级清茶般沁人心脾，让人们在轻松愉快的精神状态下完成感情的交流。在控制情绪、激励他人、改善人际关系的过程中，开玩笑是一种不可或缺的重要手段。但是，玩笑不能乱开，否则会适得其反，弄巧成拙。

在紧张的生活中，如果有人在适当的时机说了很搞笑的话，那么大家紧绷的神经就会得到片刻的放松，原本沉闷的气氛也会变得活跃起来，使后续的工作更加顺利。

风趣和诙谐，是放松精神的好办法。爱开玩笑的女人心态阳光，生活态度积极，会成为大家的开心果；走到哪里，就会把欢乐带到哪里。

谁都可以开玩笑，但是开个好玩笑，却不是那么轻易能做到的。大方得体的玩笑，能够将女性的迷人与智慧展现出来；而庸俗或不合时宜的玩笑，只会降低人的品位。

唯有根据对方的具体情况、现场的具体情形，开适当的玩笑，才不会真的闹出笑话来。

乱开玩笑，小心被人厌恶

公司正在举办圣诞节 Party，同事们个个打扮得光鲜靓丽，玩得很开心。真真突然玩心大起，想要开好朋友莉雅的玩笑。于是，她一脸神秘地对周围的人宣称，莉雅在上班的路上捡到一张刮刮乐，刮中 200 万。

第二天晚上，莉雅家的电话开始响个不停。有人找她借钱，有人想要拉她入股一起做生意，有人羡慕她的好运气……莉雅哭笑不得，拼命跟人解释那只是真真一时兴起的玩笑话。可是大家根本就不相信，只当她是“此地无银三百两”。

接连好几天，莉雅家的电话都响个不停。她烦躁地拔了电话线，可是自己的手机又开始一声接着一声地响。自己平静的生活被打乱了，莉雅终于忍无可忍，和真真反目成仇，并且一纸诉状将真真告上了法庭。最后，依据法庭的判决，真真必须向莉雅公开赔礼道歉，还要赔偿莉雅的精神损失费。

这就是不注意分寸，乱开别人玩笑的后果。很显然，真真并没有恶意，只是没有用对方式，才闹得大家都不开心，甚至使朋友关系破裂。大家聊天的时候，在恰当的时机开个玩笑幽默一下，可以活跃气氛，放松彼此的神经，创造出融洽的气氛。在工作劳累的时候，开个小玩笑能够让人心情畅快，一扫工作的烦恼，以更充沛的精力来面对接下来的工作。在与他人发生矛盾的时候，用一个玩笑比较容易轻轻带过，化解矛盾。但是，开玩笑也要注意场合和分寸，否则非但无法发挥幽默的作用，还会引起误解，引起对方对你的厌烦，甚至引发公愤。

开玩笑的主要目的，是让大家能够轻松体会到玩笑话里的善意和妙趣，从而发出会心一笑。这样的玩笑才是合适的。但如果开玩笑的性质带有羞辱性，随便暴露他人隐私，或者让对方没面子，这样的玩笑就太过恶毒了。玩笑最好不要乱开，尤其在大庭广众之下。真真就没有注意到这一点，在大庭广众之下虚构了莉雅的隐私，从而给她的生活造成了负面的影响，两个人关系恶化也就在意料之中了。

掌握开玩笑的尺度

璎珞和玲玲是闺中密友，她们结婚以后，彼此的老公也成了好朋友。这天，玲玲拉着璎珞，诡秘地说："嘿，我和你老公很亲密哦。"璎珞毫不在意地一笑："别胡说，我老公对我那么好，怎么可能背叛我？"

玲玲一笑，说："世上哪有不偷腥的猫呢？你不相信啊，那我问你，你老公胸口是不是有一个胎记？"璎珞愣了一下，狠狠瞪了玲玲一眼，转身就走了。

回到家后，璎珞和老公大闹一场。老公感到莫名其妙，直说她无理取闹。璎珞则是怒气冲冲地指责他背信弃义，始乱终弃。老公更加不解，不知道自己哪里背信弃义，哪里始乱终弃了。两个人闹得不可开交，璎珞气愤地朝老公吼着："你还说没有背叛我，你和玲玲是怎么回事，她连你胸口的胎记都看到了，你还想骗我！"

老公总算明白是怎么回事了，拉着璎珞去玲玲家对质。玲玲看到事情演变成这个样子，感到很愧疚，说："璎珞，我是跟你开玩笑的。我也是听我老公说，他在和你老公一起洗澡的时候，看到你老公胸口的胎记。我本来想和你开个玩笑，没想到弄成这样，真的很过意不去……"

璎珞这才和老公重归于好，也原谅了玲玲的胡闹。

在生活中，人们总是免不了开开玩笑。但是玩笑开不好，就会对他人造成伤害，甚至带给其他人很大的麻烦。有些玩笑可以开，但有些玩笑是绝对不能开的。**适度地开玩笑是一种修养，而过分地开玩笑只会显得自己格调很低。**具有幽默感的女性，会让人觉得轻松快乐。但总是随随便便开过分玩笑的女性，就显得轻浮和低俗了。前者懂得用友爱和善意来感化他人，让彼此之间的关系更融洽、更和谐；而后者则是将自己的快乐建立在他人的痛苦之上，用伤害他人的方式来博取大家的一笑，反而造成了人与人之间关系的紧张。例如，藏起别人急需使用的东西，或者就像故事里的玲玲一样，假装和别人的老公有暧昧行为，都是使人生厌的表现。

老板的玩笑开不得

雅轩在公司担任外勤人员，她聪明伶俐，头脑灵活，像只灵巧的小鸟一样，无论走到哪里都是大家的开心果。但是很奇怪，老板好像总是对她很不满意。例如她熬了一个通宵加班，第二天还照常上班，但是老板反而批评她处处没做好。雅轩满心委屈，觉得自己辛辛苦苦为了公司，但是老板却这样为难自己。公司的前辈看她萎靡不振的样子，出言提醒道：“小轩，你想想看是不是哪里对老板不敬，或让老板不满了？”

这个当头棒喝，让雅轩回想起来。她平时就喜欢和同事们开玩笑，后来看到老板为人和蔼，总是对大家和和气气的，便大胆地开起了老板的玩笑。记得有一次，雅轩带着刚谈下来的客户和合约，请老板签字。客户看到老板潇洒的签名，恭维道：“您的签名真气派！”雅轩在一旁一听笑着说道：“那还用说，这个签名我们老板练习了好几个月呢！”现在回想起来，老板当时的脸色不是一般的难看！

雅轩沮丧地坐在座位上，怪不得她一直以来都精明能干，却总是得不到老板的青睐，症结原来在这里。

很多时候，开开玩笑确实可以拉近彼此之间的距离，缓和紧张的气氛。但是如果随随便便地开玩笑，不分场合，不论尊卑，不考虑玩笑的分寸，就很有可能造成自己寸步难行。就像雅轩一样，虽然能和同事们打成一片，但因为跟老板没大没小，甚至调侃老板，当然不会讨老板欢心了。

另外，开玩笑不能过度。**开得起玩笑是一种能力，但开玩笑太过火，就不是一件值得提倡的事情了。**总是乱开玩笑的人，很容易造成他人的不信任；因为太过随便和轻浮，他人也会渐渐变得不尊重你。偶尔开个玩笑，活跃一下气氛，是无伤大雅的；但是如果过度地和周围的人开玩笑，或者总开一些庸俗的玩笑，那么只能说明这个人的人品有问题！

|会说话的女人最迷人| COMMUNICATION SKILLS MAKE WOMEN CHARMING

- 即使是和熟悉的朋友在一起，也不能乱开玩笑。
- 一个善于开玩笑的人，不会不分场合地乱开玩笑。最好在准备开玩笑之前，分析好眼前的情势，思考开出来的玩笑，将会造成怎样的结果。
- 开玩笑要适时适度，且在尊重别人、不伤害别人的前提下开玩笑。

08.

批评的话这样说，对方听了还会感谢你

每个人都喜欢听好话，这是人性的特点，很少有人能在赞美的话面前无动于衷。而批评他人就要小心为之了。当我们批评他人时，要讲究一定的技巧。学习不着痕迹地批评，用对方法巧妙地批评对方，运用女性温柔的力量赢得他人的尊重。

在我们的一生中，每个人都遭受过无数次批评，也曾无数次批评别人。但你认为，批评的目的是什么呢？

在很多时候，我们批评他人，只是为了发泄自己的不满，抱怨生活的不公，甚至通过斥责别人，来寻找心理上的优越感。这样的批评是人际关系中的大忌，会让你失去很多朋友。

做一个公正的人，不随意批评他人。纵使批评他人，也要维护对方的自尊，替对方留点余地。如此一来，才能成功提醒他人，同时也能警醒自身。

Chapter
1

批评别人，要先安抚对方

蜜雪是剧团的副团长，最近团里正在排练一出新话剧。演出日期将近，演员们的表现却参差不齐。蜜雪看在眼里，急在心上，尽管对那些粗心大意出错的演员进行了严厉批评，还是有人会不小心犯错。

又一次彩排结束后，蜜雪大发脾气，将跳错舞步、位置站偏的演员狠狠地批评了一顿，然后自己跑到后台消火。这时，她听到后台统筹灯光管理的晓竹对打光的道具师说："谢谢大家的努力，大家辛苦了！今天舞台上的灯光效果真棒，照明组的配合很和谐，真是棒极了！"

那些负责照明打光的工作人员个个笑逐颜开，神情愉悦。只听晓竹继续说道："只是，舞台中央有一盏灯光如果能偏向左边五厘米就好了；还有靠近布景的那盏小灯，在最后一幕可以适度地熄灭……"她接二连三指出大家的错误，大家反而都满怀喜悦地接受了她的批评，并准备在下一次彩排中好好改正。

蜜雪若有所思地看着眼前的一幕。现在她知道该怎样做才能让演员们相互配合，表现出自己最佳的一面了。

为人处世，免不了会对他人不正确的行为做出批评。批评是一种负责任的表现，也是让对方有一个改正错误的机会。但是批评必须讲求方法，方法正确才能达到预期目的，否则只会适得其反。

批评并不都是严厉的，只要你掌握好方法，它也可以令人感到温暖，然后毫不抵触地接受你的意见。**严厉的指责，往往会引起对方的敌对心理，增加双方的距离，使得双方在意见上出现相互对立的不良现象。**如果想要在不伤害对方的前提下，让对方接受批评，那么记得在指责之前，先适度地给予中肯的夸奖，让对方知道自己并不是一无是处，树立起信心。然后，再告诉对方欠缺之处。这样就比较容易让对方心悦诚服地接受，并加以改善。

反之，如果总是劈头盖脸地训斥对方，事情往往会朝着越来越糟糕的方向发展。

善用批评这把双刃剑，以免伤人又误己

公司里的员工安全监察员小强请假了，因为公司实在没有多余的人手，所以临走前，小强特意拜托薇琪，请她帮自己去工地巡查两天。其实小强的工作并不难，只需要监督工地上的工人们都戴好安全帽，以免事故发生。但就是这简简

单单的一件事，工人们却时常做不好。有些人总是忘了戴；而有些人则是嫌麻烦，不愿意戴。

小强经常因为这件事责备工人们。只要发现不戴帽子的人，就责令他们马上戴上帽子。结果，原本小强是对工人安全的考虑，但被严厉批评的工人都很不高兴。只要小强前脚一离开工地，这些人就马上又把帽子给摘了，每次都让小强无可奈何。

可是，当小强回来之后，竟然发现所有的工人都安分地戴着安全帽工作了。他惊奇于这样的改变，便去问薇琪："你是用什么法子，让他们这么乖乖地听话？"薇琪笑了笑，带他来到工地，刚好看到有个正在搬砖头的年轻人没有戴安全帽，便走上前去问他："怎么没有戴安全帽，是不是你的帽子戴起来不舒服？"年轻人憨厚地笑着："没有，我刚刚忘记了，这一趟搬完就回去戴上。"薇琪接着关切地说道："这种事情可不要掉以轻心呀！虽然是小事，但是很重要！"

小强这才恍然大悟。日后，小强也改变态度，用温和的方式来批评指正工人们。这样一来，他的工作更加顺利了。

虽然做人当有容人之心，但也不能对他人的错误放任不管。批评他人必须讲究一定的技巧，否则不但效率低下，还容易伤害他人的自尊心，造成逆反心理，结果更不利于工作的进行。人人都有自尊心，所以**在批评他人的时候，首先要顾虑到他人的自尊心。**让对方感受到你的尊重，这样他才有可能乐于接受你的批评。

批评就像一把双刃剑，适度的批评可以挽救一个人，错误的批评却有可能令对方陷入情绪的低谷。所以，批评他人的时候要讲究方法，且要根据问题具体分析，对不同的人采用不同的方式。不要动辄讽刺、训斥、责骂，否则被批评者口服心不服，还会对你产生微词，不仅得罪对方，也会误了自己。

批评不公开，人缘跟着来

这天，大家都在办公室认真工作着，新上任的办公室主任雪薇突然怒气冲冲地推门进来。她把手里的一份报表，狠狠地摔在会计的桌子上。大家吓了一跳，奇怪地看着雪薇。雪薇觉得这是个杀一儆百的好机会，便狠狠地骂会计：“你看看你这份报表！做了这么久的会计，连几个数字都算不好？你安的是什么心，上班时间给我认真点！”雪薇一说完，便转身离开。会计挨了顿狠狠的批评，既委屈又尴尬，将财务报表改好后重新上交。

雪薇以为，从此以后，大家在工作的时候会更加认真，办公室的工作效率会提高很多。但她发现，每次她在分配工作的时候，大家都会相互推诿，不是说自己没时间，就是说自己手头上的事情还没做完。而且，平时在公司里，大家都躲着她。

雪薇这才意识到，也许自己“杀鸡儆猴”的举动并不合适。如果当时她将会计叫到自己的办公室谈这件事，可能现在大家就不会这样躲着她了。但是为时已晚，她只有花更多的力气，让大家重新信任她。

人都是爱面子的，换一种方式来批评对方，事情可能就会有不一样的进展。**赞扬的话要公开说、大声说，批评的话要私下说。**这样除了能够照顾到对方的面子，还能提升自己的个人形象。另外，在批评他人之前，也要先想一想：对方为什么会犯错误，是粗心大意还是另有隐情？批评的时候要通情达理，不能横加指责。毕竟批评是让对方改正错误的手段，而不是为了发泄自己的不满，否则就有自私自利之嫌了。

一句话，有各种不同的说法。同样的话，用关切的语调说出来和用严厉的语调说出来，效果是大不相同的。当你进行批评时，一定要留意，将他人的自尊和利益放在第一位，要让对方感觉到，你的批评是有益于他的教导，是针对事情本身，而不是针对他个人，这样才能达到良好的效果。

|会说话的女人最迷人| COMMUNICATION SKILLS MAKE WOMEN CHARMING

- 批评并不一定都是严厉的冷言冷语，有时换一种批评的方式，反而能达到更好的效果。
- 批评他人要用对方法，严厉的训斥并不会让对方心悦诚服，有时还会损害你的形象，损人不利己。
- 批评的时候，要留意维护对方的自尊。不要在大庭广众之下，声色俱厉地批评他人。

09.

不但敢说对方错，女人也要有勇气接受指责

每个人都有不同的思维和生活方式，他人的种种言行，不一定全都符合你的心意。与人来往，总不可避免地要和各式各样的人打交道，但我们无法要求每个人对自己说话都能彬彬有礼。当我们无法改变他人说话方式的时候，就要选择左耳进右耳出，这样才不会受内伤。

生活就是这样无奈，要做很多我们不喜欢做的事情，要面对很多我们不喜欢的人。有时是烦人的朋友，有时是自私的同事，有时是自以为是的老板。

但是，尽管我们不想见到他们，不想与他们相处，但更多时候，我们不得不选择与他们合作，甚至有时候为了更快地达到目标，我们还必须和这些人保持良好的沟通。

要做到这点，可不是件容易的事，甚至可以说非常艰难。因为人的本能，决定了我们倾向于和自己喜欢的人来

往。但是，怎样和自己不喜欢的人说话，却是处理好人际关系的一种不可或缺的能力。

别将难听的话太放在心上，很多时候，这些“忠言”甚至是让你茁壮成长的养分！

将别人的挑剔，转化为成长的动力

品娴的老板很挑剔，在品娴看来，简直挑剔得不可思议。老板不仅处处找她工作中的麻烦，还每天都板着一张脸，生怕露出一点笑容。很多工作项目，品娴认为自己已经做得很好了，但是老板总能挑出毛病来，就连自己的办公桌一天没有收拾，他也能逮着机会，训斥自己一顿。

这天，公司来了几位客人，忙碌的品娴没有及时替客人倒水，这可让老板抓住了小辫子，事后狠狠地训了她很久。品娴委屈地躲到茶水间掉眼泪，萌生了辞职的想法。不料，老板的夫人突然进来倒水，看到品娴的模样，便把她叫到办公室。

老板的夫人说，老板刚来这个城市的时候，只不过是一个穷光蛋，从最基础的业务员做起，没钱的时候还睡过公园的板凳，口袋里的钱都舍不得用。他从小员工一路做到经理，再做到大老板，其间的辛苦和劳累是一般人没办法想象的。老板本身是个很认真的人，容不得员工犯下不该犯的错误，所以很多时候对员工的要求相当严厉，但他其实是很关心员工的。

品娴这才渐渐理解了老板。之后，老板再批评她的时候，她不再委屈、抱怨，而是将老板的批评记在心里，告诉自己要再认真一点，避免再犯同样的错误。慢慢地，她的工作效率逐渐提高了，老板的挑剔，成为她工作进步的动力。

有时候对于自己不喜欢的人，我们可以尽量避免和对方接触。但更多时候，我们不得不去面对他们，甚至还要笑脸相迎。这个时候，我们要学会的，就是适应对方的性格，抑或尝试改变自己对对方的刻板印象。

当我们不喜欢一个人，总是有着各式各样的理由，既见不得对方的优点，也讨厌对方的为人，甚至连对方身上一些小缺点都无法容忍。但是，当你换个角度去看待对方的时候，你就会发现，其实对方身上也有你所敬佩的优点。如此一来，你对他的态度就会自然而然地改变；想要和对方融洽相处，也就不是那么困难了。

将“责备的话”转化为“友善的建议”

铭月刚进公司的时候，公司还不成熟，说她是“开国元老”一点也不为过，现在的她也算是小有资历的员工了。最近，铭月的直属经理调走了，本以为自己可以接替这个职位，没想到公司又聘请了一位新的经理。

有一次，经理和铭月一起去见客户。在进行业务洽谈的时候，铭月突然想起公司还有一件事，需要她亲自去办理，于是表明要先返回公司。结果挑剔的客户当场有了意见，认为他们根本不在乎跟自己做生意。经理当场严厉地批评了铭月，说她丢三落四，事先都不知道要好好计划一下。

铭月感到很生气，她好歹在公司这么多年，不看僧面也要看佛面，至少要替自己留个面子吧，不要当着客户的面说得这么难听。本来铭月就不满一个“外人”来管理自己，这下子更是气不过，当场和经理吵了一架，转身走人。

从此，铭月就觉得经理处处看自己不顺眼，她看到经理也觉得很别扭。于是，她能不和经理说话就不和他说话，能减少和经理在一起的时间就绝对不和他多待一秒钟。她想调到别的部门，可是自己在这里才能发光发热啊！铭月苦恼极了。

无论什么时候，我们都不要先入为主，不要先戴上有色眼镜，然后责怪对方不喜欢自己，找自己的麻烦，不愿意配合对方。我们可以先假设对方是你的朋友，他的态度是友善的，并不是有意攻击你。抱着这样的态度和对方相处，就能够平衡自己的心理。试想，如果铭月换一种想法来看待经理：公司能聘请他过来，说明他本人有能力坐这个位置；经理当着客户的面批评她，是因为客户更加重要。这样一来，她就不会觉得经理自以为是，故意刁难她了。

有一句话是这样说的："当你无法改变这个世界的时候，先从改变自己做起。"当我们无法改变周围环境的时候，调整自己的心态，改变自己，你将会发现，周围的环境不像之前那么难熬了。对待他人宽容一些，相处起来就会更加融洽。

将自己归零，了解他人的说话模式

淑萍在工作中遇到了一些不开心的事。她觉得和一些人合作实在很痛苦，她不喜欢他们趾高气扬、挑三拣四、无端找她的碴儿的样子。于是，在机会来临的时候，淑萍跳槽换了工作。

新的工作总是让人觉得具有挑战性。在新公司里，淑萍将百分之百的精力投入到了工作中，并迅速建构起新的人际关系。可是，她发现她遇到了和以前一模一样的问题，那就是在工作中，总会有那么几个人，视她为眼中钉，好像什么事都在针对她，处处找她的麻烦。

因为有了前车之鉴，淑萍这次没有辞职，而是静待事情的发展。时间久了，当她对这些人全面认识以后，她慢慢地发现，有时候两个人相处不对盘，并不是因为对方在工作中对她有意见，或者故意找碴儿，而是因为两个人的性格不同。她自己本身属于比较火爆的性格，眼睛里容不下沙子，而那几位同事也都是急脾气，这样的人聚在一起，稍微遇到一点摩擦，就会发生争执。

在往后的工作中，淑萍和他们相处的时候，总会提醒自己，在他们面前放低姿态。这样一来，她的工作就变得顺利多了。

淑萍很聪明，对于她不喜欢的人，她选择了暂时的退让，并试图去了解对方，这才发现了问题的症结在彼此的性格上，从而对症下药，缓和了紧张的关系。在生活中，有太多的人总对别人抱有偏见，却又不愿意去深入了解对方，仅凭片面之词，就对别人心生不满。这样下来，两个人之间的关系只会越来越不好。

试着去了解你所不喜欢的人，习惯他们说话与行为的模式，并多从自己身上找原因：是自己对他人的看法太过狭隘，还是自己先入为主地以为对方不喜欢自己，但其实对方并无此意呢？别一竿子打翻一船人，将所有“敌人”划入你“老死不相往来”的名单。损失了一些良友还是小事，若是原本可以有双赢的机会，却因为你的偏见而毁掉，那可就得不偿失了。

|会说话的女人最迷人| COMMUNICATION SKILLS MAKE WOMEN CHARMING

- 和自己不喜欢的人相处，是一种很重要的能力。现代女性都必须学会这种能力，才能在人际关系中游刃有余。
- 对待其他人不要带有任何偏见，如果你坚持不喜欢他的态度，很容易造成两个人关系的恶化。
- 不要太习惯于责备别人，要学会从自己身上找原因。

10

话说一半就好，小心话多有损身价

“犹抱琵琶半遮面”，描述的是欲言又止的美丽。在为人处世上，我们也要适度地欲言又止，总有一些话是不该说的，或者需要我们表达得委婉一点。将想要说的话留下半句，更能发挥作用。若是太过耿直，太快人快语，就很容易把事情搞砸。

尽管在大部分时候，说话要坦诚，因为太过拐弯抹角的话总让人觉得不是很舒服。但更多时候，需要我们只说一半的话。

我们经常可以见到，有些人是有什么说什么的直肠子，结果往往说话太过直白，引起了别人的不悦，把原本能谈成的事情给搞砸了。

做个说半句话的女人，话到嘴边暂缓一下。例如，当你想要吐露他人隐私的时候，要将嘴里的话留住，不要随便说出来；在尚不了解事实的时候，留下自己的见解，以免伤害到他人，给自己带来麻烦；批评他人的时候，尽量点到为止，不要完全说尽。

当你将自己的话反复删减之后，你会发现，原来很多话根本不用说。话到嘴边留半句，惜言如金，留下的会是自信、宽容和美丽。

Hold 住自以为是的见解

正当缤纯的事业如日中天时，她接到了公司的调职令，让她去一个偏僻乡镇的分公司当一年经理。在其他人看来，这也许是个很好的职位，但是他们哪里知道，这个乡镇可以说是不毛之地，到了那里，根本别提有什么工作前途了！

缤纯心想，一定是自己做错了什么，公司高层对她有意见，才会这么处置她。于是，她诚恳地去跟上司进行沟通，表示自己一定会尽心尽力工作，希望公司能够收回这项决议。

其实，公司的意思是让她去条件艰苦的地方锻炼一段时间，看她有没有管理一个公司的能力。如果她能通过考验，回来之后将会被提拔为总公司的副总经理。听完了缤纯的异议以后，公司高层聚在一起商量，觉得她是个可塑之才，还是坚持了原先的决定。

可是缤纯并不相信，她坚持认为公司高层一定是对她有意见，故意为难她，在她的职业道路上下绊脚石。于是，她心不甘情不愿地去了分公司。到了那里以后，她天天提不起精神工作，越来越消极。半年后，当总公司派人去巡查的时候，发现整个分公司工作气氛散漫，工作积极性很低，于是只好无奈地放弃了对缤纯的培养计划。

当我们手头信息不全的时候，就会对某个人或者某件事形成偏见。缤纯自以为是地认为公司是在打击她，而没想到实际上是在磨炼她。在消极情感的影响下，她对公司的偏见更加严重，导致失去了一个良好机会，可以说是自毁前程。

人或多或少都会对一些事情存有偏见，但这种偏见不是不可以克服的。**懂得说话的女人，总能忍住自己说话的欲望，往往到了关键时刻，才会画龙点睛地说破事实。**其实在保持沉默的时候，懂得说话的女人并不是没有想法，而是在隐藏自己的真实看法，并且收集大家的意见，以修正自己的看法。当听完大家的话以后，她们手中的信息已经差不多完善了。这种考虑再三的想法，当然会令大家刮目相看。

Chapter

1

话别说太快，避免“莫须有”的伤害

又到了公司开例会的时候，公司里大大小小的员工都集中在会议室，静静等待淑红发言。淑红照例总结了一下大家最近的表现，而在提到几名员工的时候，淑红的态度非常严厉。

原来，这几名员工在上班时间偷偷溜出去喝酒，喝醉了以后还在外头闹事，最后还是派出所通知公司来领人，这件事对公司的形象产生了极坏的影响。淑红的语气不由得严肃了几分，点名批评了这几个人。

可是，有一名员工表示自己并没有参与这件事，淑红却点了他的名字。淑红正在气头上，听到竟然有人非但不承认错误，还想把事情推得一干二净，更加愤怒了，语气也更加严厉，话说得更加难听，矛头直指这位员工。这位员工感到很委屈，明明自己没有犯错，凭什么为自己辩解还要挨骂？于是当场翻脸离开了会议室。

事后，淑红发现确实是自己弄错了。但是事情已经发生了，在员工提出异议的时候，她并没有停下来弄清事实，而是坚持自己的批评，这才引起了员工的抗议，在大庭广众之下，彼此闹得很没面子。

如果淑红能够及时紧急刹车，为这些不恰当的批评画上一个休止符，想必事情就不会闹成这样了。谁都难免会误判情势，无论是看错了对象，还是误会了对方，造成自己的批评或指责太过无理。有争议的时候，一定要及时弄清真相，还对方一个清白。

就算对方真的做错了事，如果他已经认识到自己的错误，并且已经痛下决心改正，你再批评他，只会打击他的信心。再者，**如果你的批评有可能激化矛盾，对他毫无帮助，那么还是把话收回去吧！**

就算对方真的有挨骂的必要，也要注意点到为止。把容易伤害到对方、打击对方自信的话收回去，多余的指责和漫无目的的废话，就别说出口了。若是你能适时维护对方的自尊，这种态度会留给对方正向的心理压力，让对方觉得他犯了错，你却没有当面点破，这样对方才会对你心存感激，并且对你印象深刻。

把发牢骚的精力拿来解决问题

小梅从小到大都是大家嘴里的才女，她满腹经纶，熟读诗书，看过很多文章，也写过不少作品。最近，她参加了一个报社的征文活动，大家都说凭她的文采，头奖非她莫属。但是，当活动的奖项公布以后，小梅发现自己竟然名落孙山。

这可气坏了小梅。她连拿到奖金以后请同事吃饭的饭局都订好了，这下子自己多没面子。她生气地在家里走来走去，破口大骂，抱怨上天真不公平；批评那些评审委员收了其他人的贿赂；骂现在这个世道，没有一点关系连个奖项都拿不到。

她不停地抱怨，说得口干舌燥，看到自己的父亲无奈地看着她，她委屈地说道："爸爸，我受了这么大的委屈，你怎么也不安慰我？"

父亲平静地说道："小梅，我没读过你参加征文活动的文章，但我想一定写得不怎么样。"

小梅很生气："你都说没看过了，凭什么这么说？连你也欺负我！"

父亲说道："你看看你现在的样子，满嘴抱怨、牢骚，没修养，没内涵，本事不大还怨天尤人。这种种表现在你的文章里，肯定也会有所体现，所以，你文章没得奖也算公平！"

小梅恍然大悟，惭愧地向父亲承认了错误。她也没有取消请同事的饭局。在饭局上，她分享了这次的失败让她明白自己还有很多不足，还需要付出更多努力。看到她这个样子，同事反而更加佩服她了。

牢骚抱怨的话语，是世界上最无力的语言。在我们的生活中，处处充满了不如意的事情。当你遇到不顺心的事情时，如果总是抱怨不休、牢骚不停，那么事情永远不会得到圆满的解决。学习将嘴里的牢骚留住，将抱怨暂且按捺，你将会有新的视野、新的发现。

|会说话的女人最迷人| COMMUNICATION SKILLS MAKE WOMEN CHARMING

- 生活中有很多话，只需要说一半就够了。对于一些无事生非的话，不要太过在意。
- 有时候，你对他人的批评和指责是不恰当、不正确的。事先调查清楚事实，再对当事人进行评判，才不会伤害到别人。
- 有些话根本不用多说，例如牢骚和抱怨，说了只会影响你的形象。

事业步步高升的说话术

Chapter 2

人们常说，职场如战场，当你还在思索下一句话该怎么说的时候，生意可能就已经被人抢走了。在职场上唯有话说得漂亮，才能抢得先机！

11. 不要轻视肢体语言泄露的秘密

通过观察对方的表情、眼神、手势、姿态等细节，学会揣测对方的内心世界，准确把握对方的想法，将更有助于你在职场上立足。懂得察言观色的女人，在职场中总能获得“发球权”，在瞬息万变的职场中走得更高更远。

你是否有过这样的经历？当你正在和客户谈论某个话题的时候，他不用正眼看你，或者是专注于自己的事情，眼睛看着别处，心不在焉；当你还没有讲完某一个环节，他便不礼貌地频频点头。事实上，他根本就没听进去你在说什么。

这时候，你就需要学会察言观色，从对方的神情、动作等肢体语言中，寻找突破困境的办法。懂得察言观色的女人，知道如何眼观六路，耳听八方；说话一针见血，恰到好处，让人心服口服。她像是可以洞穿别人的心思，而且对方也会心甘情愿地被她牵着鼻子走。

看场面、说对话，掌握谈判的筹码

丽佳是公司的业务主管，在一次商务谈判中，丽佳绝佳的口才及特殊的气质让对方感到很满意，所以谈判进行得很顺利，只等着下午签订合约。

午餐时，丽佳带着对方的陈总等一行人去酒店吃饭。席间，丽佳为了缓解上午谈判时的紧张，没有再继续谈论工作上的事，只是随兴地聊着天，从天南聊到地北，从风景民俗聊到各地趣闻，整场饭局的气氛愉快而轻松。对方对丽佳的办事能力十分肯定，他们表示，和这样的公司合作肯定会非常愉快。眼看着一笔利润很大的订单就快要谈成了，丽佳十分开心。

这时候，不知道是谁开启了新的话题。有人说丽佳的衣服十分漂亮，称赞她一定是一位十分有品位的女人。丽佳笑着回答道:“我去年见过陈总的太太一面，她才是一位真正优雅又有品位的女人呢！”

岂料这句话一出，陈总的脸色立刻沉了下来，随后，他便埋头吃饭，没有再多说一句话。

丽佳摸不着头绪，于是悄悄走出房间，打电话给秘书，请她立刻调查陈总的太太。

十分钟后，秘书打电话来，原来，陈总的太太在一个月前因癌症去世，听说陈总悲痛欲绝。

丽佳知道情况后，走进包厢，端起酒杯敬陈总："陈总，小时候我读过一句诗，一直到现在都很喜欢，我也想把那句诗送给您：'人生天地间，忽如远行客。'人生苦短，重要的是珍惜，相见即是缘分，丽佳会好好珍惜和您合作的机会。"

陈总听完后，感激地望了丽佳一眼，说道："丽佳，放心吧，我相信我们的合作不会'苦短'！"

做人做事，不能只长眼睛而不看脸色。只有投对石头，才能找对路。在职场中尤其如此，懂得察言观色的女人，才能处于主动的位置，说正确的话。**这样的女人具备一双"穿透的眼睛"，能从对方的语言、神态、肢体中捕捉到一切有利的信息，然后把这些信息巧妙地变成自己谈判的筹码。**这样的女人能言善道，字字铿锵，能够点石成金，化腐朽为神奇。在职场中，她就如一位美丽的舞者，无论在刀山、火海还是平地、溪流，都能尽情舒展自己美丽的腰身！

让客户说出难言之隐，缔造双赢

露露在一家房地产公司担任业务员，在公司里，露露的销售业绩是最好的，一年中，蝉联好几个月的销售冠军。今年年底，露露终于被公司提拔为销售主管。

谈起自己的销售经验，露露笑着说道："其实也没什么，重要的是，你要知道客户心里在想什么。"

有一次，一位顾客打算买房子，露露替他介绍完之后，这位顾客对房子的位置、格局、价格都非常满意，并表示自己非常想买。可是，对方却迟迟不愿意签合约。

露露见他愁眉深锁，不停地叹息，猜测这位顾客一定有难言之隐。于是她便问道："先生，您是不是有什么困难？如果有的话您尽管讲出来，我们会尽力帮您解决。"

几番询问之下，这位顾客才道出事情的原委。原来，本来他已经准备好了房子的首付款，可是上个星期他母亲生病住院了，是癌症晚期，已经时日无多。老人家临走前最大的愿望，便是能看到儿子拥有一套新房子；然而原先准备好的首付款，他已经拿出来一部分给母亲看病了……

露露听完，马上跟公司汇报了这个情况。公司做了专案处理，让这位先生先付首付款的一半。这位先生得知这个消息后，紧紧地握住了露露的手。

还有一次，一位顾客来看房子。露露在跟他交谈的过程中，知道这位顾客喜欢阳光，因此，就向他介绍一间光线很充足、阳台很大的房子。果然，这位顾客十分满意，当场就签下了合约。

现实生活中，总是有很多人不直接、不干脆。有时候，他们心里明明有难言之隐，却碍于情面否认；明明心里有话，却因为种种原因欲言又止。这样下来，为沟通交流，增添了不少难度。**成功的说话者，能够从对方的神情、语言等，寻找信息，打开对方谈话的门，为自己开启成功之路。**

乘胜追击，创造佳绩

圆圆在一家大型连锁超市担任采购，为了替公司购得物美价廉的商品，圆圆费尽心思。而她最近正为一件事烦恼着。

这两天，圆圆联系了一家厂商，这家厂商所提供的所有货品，都要比同行便宜 2% ~ 3%，而且他们的商品质量非常好。圆圆在与这家厂商交流的过程中，发现对方也有与他们合作的意愿。圆圆以为事情可以顺利进行，如果双方合作顺利的话，她可以每年为公司节省 500 万的费用。

可是不知道怎么回事，虽然圆圆为对方开出了优厚的合作条件，对方也很满意，但迟迟等不到对方和自己签订合约。圆圆左思右想，觉得对方一定在骑驴找马，想寻找更合适的合作对象。这让圆圆很生气，但也只能静观其变。

机会终于到来。这天，圆圆正在和他们谈判的时候，厂商无意中透露，现在的供货商太多，竞争越来越激烈了。圆圆一听，觉得机不可失，于是开口说道："是啊，商场竞争这么激烈，一旦失去机会，便要从头再来。做生意一凭质量，二讲道义，不可不慎啊！"

圆圆一说完，厂商顿时愣了一下。

圆圆接着说道："刚刚有感而发，现在我们谈谈正事吧！"说完之后，她询问厂商："您看，您对我们的条件还满意吗？"

厂商频频点头，下午就派人送来了签好的合约。

在职场中，把握好说话良机，绝对可以让你事半功倍。若是说话的时机未到，只会增加盲目的交流；**说话的时机来到，说出的话自然贴切，同时还能引起他人的重视。**俗话说，机不可失，过了这个村，就找不到这家店了！因此，一定要在适当的时候，说适当的话，这样说出来的话才有意义与价值。

Chapter

2

|会说话的女人最迷人|

COMMUNICATION SKILLS
MAKE WOMEN CHARMING

- 察言观色的目的，并不是投其所好，拍对方马屁，而是要懂得对方心里在想什么，把话说到对方心里去。
- 谈判过程中一定要从小处入手，善于抓住细节，这样才能顺利达到目的。
- 要在适当的时候、适当的场合，说适当的话，让自己处于主动地位。

12. 巧妙的谎言，在职场既成全别人，也成就自己

现实生活中，撒谎并不是一件值得肯定的事，但必要的时候，还是需要用谎言来成就自己。有的时候撒谎不是为了自己的利益，昧着良心说假话，而是将谎言作为一种手段，以退为进，为自己也为别人留一条后路。必要的时候，谎言甚至可以化解职场上的矛盾！

谎言分为好多种，一种是为自己谋取某种利益，而进行隐瞒和掩盖，是一种欺骗的行为。还有一种谎言是善意的，这种谎言不伤及别人的利益，却可以化解不可预料的冲突，避免感情方面的伤害。对于身处职场的女性来说，可以将说谎作为运筹帷幄的策略。巧妙的谎言，既成全了别人，也成就了自己。

Chapter

2

违心之论，为自己赢得一席之地

莎莎在一家设计公司上班，主要负责企业的CI设计（Corporate Identity，简称CI，即有关企业形象识别的设计，包括企业名称、标志、标准字体、色彩、象征图案、标语、吉祥物等方面）。身为年轻的设计师，莎莎在这家公司，有一套自己的生存本领。

莎莎的老板有一个坏毛病，就是在和人争论的时候，总喜欢争强斗胜，即使知道自己错了，也不愿意承认自己的错误。有时候，莎莎觉得项目已经尽善尽美了，交给老板过目时，老板的坏毛病又来了，他会指着莎莎的设计挑三拣四，诸多批评。在这种情况下，如果莎莎跟老板强辩，老板就会把莎莎狠狠地批评一顿，并要她拿回去重新设计。相反，如果莎莎说："对，老板，你的建议很好，我怎么就没想到呢！"如此一来，老板就会回答："算了，这次就先这样吧，你的方案虽然有一些缺陷，但总体来看还是不错的，下次继续努力！"

在与同事相处的时候，也会遇见同样的问题。明明自己辛辛苦苦设计的方案已经很好了，可是拿到资深员工那里，总会被鸡蛋里挑骨头。刚开始的时候，莎莎会依据自己的专业，据理力争。可是后来她发现，每次她的反驳，换来的都是他们无情的批评。所以莎莎干脆退一步，即使自己是对的，她也会谦虚地跟对方说："没错，您的建议很好，我会好好考虑！"

令莎莎没想到的是，她的违心之论，使得老板和同事更加欣赏莎莎。老板甚至常常对着莎莎的设计方案说："还不错，值得借鉴！"

身处职场，盛气凌人的人比比皆是。这样的人好面子，不管是高昂的姿态，还是不可一世的语调，都显现出他们要的就是面子。若是你暂时的违心之论，可以让他有面子，保留自尊，他就会反过头来认可你，达成意想不到的效果。

适时说些反话，以退为进可以飞得更高

灵珠是建筑设计师，最近她正在规划一个项目，为一个老板设计一栋别墅。本来这个项目是难不倒灵珠的，毕竟自己是一流学府毕业的高才生，还参与过大大小小的设计项目。尽管如此，灵珠还是遇到了一个很棘手的问题。

原来，这个老板是一位虔诚的基督徒。灵珠在为他设计别墅的时候，已经融入了很多宗教元素。若从专业设计的

角度来看，简直恰如其分。如果别墅里融入太多宗教元素的话，就会影响到整体的设计效果，毕竟这是别墅而不是教堂。但如果宗教元素太少的话，这个老板一定会有所挑剔。所以早在设计之前，灵珠就已经费了很多心思去解决这个问题。

现在，正式的设计方案出来了，里面所融入的宗教元素恰到好处，多一分是累赘，少一分的话，整体的设计方案便少了一种氛围。灵珠对自己的设计方案很满意。可是，当灵珠把自己的方案拿给老板审阅时，老板的回答竟是："整体设计方案还不错，唯一不满意的是屋顶没有十字架。"

这个回答让灵珠左右为难。如果按照老板的说法，在屋顶加上一个十字架，自己的整体设计恐怕就要全部修改，因为那个十字架会影响到别墅的整体美观。可是不加上去的话，这个老板肯定会大发雷霆。

灵珠想了想回答道："您的建议很不错，我过两天把别墅模型送过来！"

两天过后，灵珠送来了屋顶上包含十字架的别墅模型，并一同附上原本的设计方案，以及修改后的新方案，跟老板说："加上十字架后，是不是更符合您的需求呢？"一个小时后，灵珠接到了老板的电话，说："请把屋顶上的十字架拿掉！”

职场中，常发生这样的情况。明明是自己精心构思的方案或者作品，却遭到别人的反对。这个时候，如果你向对方据理力争，对方反而不容易接受你的意见。相反，若你能够**先隐藏自己的真实想法，说些反话，然后等对方自己考虑清楚，**就能以退为进，变被动为主动。再度出击，永不嫌迟。

|会说话的女人最迷人| COMMUNICATION SKILLS MAKE WOMEN CHARMING

- 善意的谎言，利己却不损人。说谎并不意味着要牺牲别人的利益，相反，必须以不伤害和牺牲别人为前提。
- 诚实守信是做人的原则，但是，必要的谎言也是不可或缺的。

13.

别再装客套，一针见血才能展现女人的魄力

古往今来，凡是有所作为的科学家、思想家、政治家，往往都目标明确，说话一针见血。目标明确，犹如人生中有太阳照耀，能驱散人们前进道路上的迷雾。在谈话中目标明确、一语中的，让对方明白你的意图、态度和决心，才能有所作为。

现实生活中，不管做什么事情，只要想做，有心去做，锲而不舍，像愚公移山一样坚定不移，就一定可以战无不胜、马到成功。

商务谈判中，也往往需要一针见血的发言，咬紧目标，这样才能在气势上压倒对方，让对方没有还手的余地。

找出 Key Man，谈判最有利

公司正在进行一场极其艰难的谈判，方芸是这次谈判的主要代表，所有的谈判项目都在方芸的管控下有条不紊地进行着。可是，谈判差不多已经进行了一个月，直到现在方芸都还没有见到对方的老总。眼看所有的事情都需要对方的老总点头做决定，对方却迟迟不肯露面，方芸开始感到心急。

方芸恳请对方的老总出面谈判，这样，很多事情都可以当面解决。但是对方一直强调，时机未到，他们的老总便不会出面，要方芸等人耐心等待。再这样下去，公司就要始终处于被动地位，会对公司非常不利，方芸为此大伤脑筋。

这天，谈判还是照常进行，方芸却发现了一个以前从未见过的人。虽然那个人始终没有说一句话，但是对方的谈判代表陈副总似乎对这个人格外尊敬，每做一个决定，都要回头看看这个人；如果这个人面无表情，陈副总才和方芸继续谈判。

“袁总，谈判已经进行了很多轮了，还有很多事情需要您裁决。我们开门见山吧，这样可以提高效率，对双方都有好处。袁总，您说呢？”

方芸说完，陈总旁边的中年人不禁愣了一下。

原来，方芸早就私底下调查过了，对方公司真正的负责人姓袁，隐藏身份是他惯用的谈判技巧，目的就是私底下考察对方的实力。

说话办事，一定要找对人，才能说对话。射人先射马，擒贼先擒王。现实生活中，有人为了办一件事，奔走了无数回，费了不少口舌，受了不少折腾，可是却收效甚微，原因就是没有找到真正的Key Man，没有机会把话说出来。说话之前看清目标，才不会走冤枉路。

咬紧谈话目标，不达目的誓不罢休

美国第六任总统亚当斯，很少轻易表露自己的观点，他的这个特点让很多媒体都伤透了脑筋，很多记者来采访时，常常为此束手无策。

有一次，一位名叫安妮·罗亚尔的记者去采访他，想知道亚当斯总统关于银行问题的看法，可是几次下来都没有采访成功——她根本进不了白宫的大门。于是，安妮静静地等待时机。机会终于来了。这天，亚当斯总统外出，安妮一路跟着他来到了河边，等到他脱完衣服下河游泳的时候，她从树林里走了出来。她坐在总统的衣服上喊道："总统，大事不好了，你赶紧游过来！”

“你要干什么？”亚当斯吃惊地问道。

“总统您不要害怕，我是一名记者。”安妮平静地说道。

“这几个月我一直想采访您，了解一下您对国家银行的看法。之前我好几次到白宫去找您，可是他们不让我进去。我已经跟踪您很多次了，这是唯一成功的一次。现在，我就坐在您的衣服上，您必须接受我的采访，否则的话，您就别想得到您的衣服，那样的话您就只能在水里待着了。总统先生，现在您愿不愿意回答我的问题呢？”

亚当斯无奈之下，只好接受了安妮的采访。

有时候，要找到关键人物说话、办事是很困难的，但哪怕是厚着脸皮说烂嘴皮，磨破脚跑断腿，只要表现出足够的决心，就没有办不成的事，不愁没有说话的机会。

信念是一个人前进的动力，就像安妮为了能够采访到亚当斯总统，除了超乎寻常的勇气与耐心之外，更有着坚定的决心。

盯紧自己的目标，不达目的誓不罢休。虽然有时候在别人看来，这种做法很缠人，但却是解决问题的唯一办法。尤其与陌生人打交道，更是一门很深的学问，因为和对方没有任何交情，所以只能制造说话的机会。一旦把握住时机，就要好好发挥。

软硬兼施也好，死缠烂打也罢，重要的是，在你的语言中，要向对方透露出你的想法与目的，表明你一定要成功、一定要达到目的的决心。如果无法达成目标，你一定还会继续进行下去。这样一来，对方便会因为你的决心，跟你透露更多信息。

|会说话的女人最迷人|

COMMUNICATION SKILLS MAKE WOMEN CHARMING

- 说话时一定要看准目标再开口，这样说出来的话才不会唐突。否则的话，不仅办不好事，甚至还会引起一些不必要的麻烦。
- 在职场中与人洽谈时，一定要向对方传达清楚自己的意思。

14.

暂掩强势的一面，用温言软语征服众人

女人说话时，清脆有如黄莺出谷，动听有如高山流水，深邃有如空谷幽兰。然而，最动听的是温柔的言语。女人的温柔就像是一杯芬芳的酒，让你不知不觉中沉醉。这种温柔表面上看似弱不禁风，实际上却锋利如剑，是一个女人最厉害的武器。

身处职场中的女人，难免要费尽心机和别人斗智斗勇。有的女人声如洪钟、气势如虹，她们的气势强到只能让人仰望的地步，令人难以亲近。

还有一类女人，看似娇弱如花，却能在诡谲多变的职场中穿梭自如，谈笑间樯橹灰飞烟灭。这样的女人，没有强硬的形象，也没有高傲的姿态，她们只是运用自己独有的温柔，大无畏地行走在职场的“枪林弹雨”中。她们懂得与其高傲地出谋献策，不如谦虚地温柔浅笑，提供适当的意见。

Chapter
2

女人的温柔，是一种看不见的力量，有时足以劈钢化铁。聪明的女人，若是懂得好好利用它，就能使之成为自己最厉害的武器！

温柔的说话术，远胜于咄咄逼人

欣蓝是一家设计公司的设计总监。这天，她和一位客户约好了时间洽谈业务。他们把时间约在了下午三点，欣蓝照例提前二十分钟到达约定地点。对方还没有现身，于是欣蓝静静地等待着。三点了，对方还是没有到，欣蓝看了看时间，手指轻轻地敲着桌面。

三点半，对方的身影还未出现，欣蓝有些不耐烦。于是，她拿起手机拨了对方的电话，可是没有人接听。欣蓝开始生气了，要不是看在这是个大客户的份儿上，早就走人了，何必等到现在。

“算了，还是等等吧。”欣蓝说道。

接近四点，客户终于出现了。

欣蓝本来很生气，但是碍于情面，回过头来说了一句：“没关系，王先生，您路上还顺利吗？”

“抱歉，让您久等了，路上堵车太厉害，还请您原谅！”

后来，洽谈很顺利地完成了。因为欣蓝的耐心与温柔，为公司签到了 50 万的设计订单。

温柔的语言，能让女性在职场中处于有利地位。尤其在与人谈判时，大多数人见惯了咄咄逼人的姿态和语言，太过高傲往往让人很不舒服。**不妨逆向操作，换一种温柔的态度闯荡职场，会更容易为自己打开一扇窗。**

现实生活中，女人驾驭职场的手段有很多种，愚笨的女人哭喊、打闹、威胁、撒泼；聪明的女人斗智斗勇，善用温柔的力量作为实用的武器。很多时候，一句柔情的话语，一个浅浅的微笑，就可以请人替自己办事。何必强势过头，既达不到效果，还破坏了自己的形象。女人的温柔，更胜于一把尖刀的力量。身处职场，何不好好利用这样的武器呢？

做个软语呢喃的女强人

玛雅今年三十八岁了，她既漂亮又温柔，娇小可爱，凡是见过她的人，都以为她是一位全职太太，在家里相夫教子，贤良淑德。事实并非如此，玛雅是一个女老板，在事业上丝毫不逊于男人，经营着一家拥有几百名员工的公司。但是，玛雅不是一般人想象中的女强人，在她身上，看不到印象中女强人所有的锋芒和锐利。

不过，在员工的眼里，玛雅是一个真正的好老板。她严厉却不苛刻，对待员工就像对待自己的家人。在员工面前，她从来都没有盛气凌人过，也没有大声地指责过他们。有时候，员工难免会犯错，玛雅从不对他们大发雷霆，而是采用自己独特的管理方法去引导员工。她首先会询问员工，是不是遇到了困难，有没有什么难解的问题。通常，还没等她问完，员工早已愧疚得低下了头。

对待生意场上的伙伴，玛雅也是温柔相待。奇妙的是，很多厂商都愿意跟玛雅合作，他们说玛雅柔中有刚，充满温情，和她合伙做生意很愉快。因为在她身上，找不到商人的奸诈与狡猾，有的只是暖暖的人情。

女人追求事业，并不一定要尖刻犀利。女强人给人的印象，通常是霸道凌厉、威严老辣，这样的行事作风与说话方式，有时却是心虚的表现。相反，女人的软语呢喃，是她们身上一道天然的屏障，容易使对手掉以轻心；同时隔着这个屏障，别人也不容易把女人看穿，从而为自己赢得迅速出牌的时间和机会。

温柔的女人并不懦弱，温柔是一种独特的个性，它同时也是另一种形式的刚强。温柔的女人独具魅力，拥有征服他人的力量。

说话温柔，也能铿锵有力

秋霞是一位女老板，最近公司新招聘了一批刚毕业的大学生；他们刚出校门，办事生疏稚嫩，秋霞看在了眼里。

正好公司要去日本考察，秋霞决定带其中的一位新人去。临走前，秋霞和新人确认相关事宜，提醒她要带的东西，准备什么档案，甚至连穿什么衣服都跟她说了。尤其是护照，秋霞再三叮嘱她一定要带护照，否则是上不了飞机的。新人信心满满地说："没问题！"

第二天上午，她们在机场见面后，秋霞请她拿出护照，准备办理登机事宜。新人在包里翻了半天都没有找到，秋霞问她："你是不是忘记带了？"

新人回答说不可能，出发的时候还在包里呢。她在包里找了好几遍，但只翻出了一堆零食，还是没找到护照。

"没关系，你再好好找找。会不会是弄丢了？"

这时新人才恍然大悟，想起来早上搭乘地铁的时候，她感觉到有人把手偷偷伸进了她的包里。而且秋霞所需要的档案，新人根本忘记带了。

新人知道自己闯了大祸，站在那里哭了起来。

“好了，不要哭了，刚出来工作难免犯错，以后用心点就可以了，我相信你有潜质！”

“可是，我连档案也忘了带！”

“没关系，这个让我来解决吧！”

秋霞说完，女孩感激地望了她一眼。从此以后，她更加努力地工作，现在已经成为秋霞的得力助手。

温柔的女人就像是一朵芬芳的花，可以以柔克刚。温柔有穿透人心的力量，是一种有格局的修养，充满对他人的宽容和谅解，是一种成熟的处世态度。

|会说话的女人最迷人| COMMUNICATION SKILLS MAKE WOMEN CHARMING

- 软语呢喃不只是娇滴滴地发嗲，而是用语言的力量去征服别人，在职场中闯出一片天。
- 事实证明，强势与尖锐的言语，并不一定能在职场中取胜；轻声细语，反而更有可能成为十分有利的武器。
- 说话的时候，尽量让自己的声音平静柔和。不疾不徐，同样能够展现出力量。

15.

“装傻”让人放下戒心乐意亲近你

一个人锋芒毕露，未必是件好事，有时候可以适度地装傻。懂得装傻的女人，会在该装傻的时候表现得宜，让人感受到气度和修养，还有她的大智若愚。不想装傻的时候，她会明确地告诉别人她的原则，让人感觉到她的威严神圣不可侵犯，不威而重。

学会装傻，是一种大智若愚。懂得装傻的人，知道该糊涂的时候就糊涂，该退一步的时候就退一步。女人身处职场，锋芒太露很容易引起别人的关注。这样的高姿态反而不利于自己的职业生涯发展。适时地装傻，必要的时候才能展现光芒。

水至清则无鱼，人生在世若事事明了、聪明过头，是一件辛苦的事。因此，一定要学会适时装傻，该低头的时候就低头，该糊涂的时候一定得糊涂，该吃亏的时候不抱怨。

这样，不仅生活过得愉快，还能在职场中如鱼得水、游刃有余。

隐藏自己的实力与底线

小丽是公司里的王牌推销员，销售化妆品的能力无人能及。公司里有上百名推销员，但是每次业绩考核，小丽总能脱颖而出。不过，让人十分惊讶的是，这位王牌推销员并不是一个长相靓丽的女孩，而是一个相貌平凡，甚至还有点口吃的人。

小丽的故事无意间被一名记者知道了，记者想知道她是如何做到的，就亲自跟着小丽，旁观了好几次她如何推销。最后，这位记者终于明白，小丽成功的秘诀在于，她很懂得装糊涂，很懂得保留实力与战斗力的艺术。

例如，这天小丽去一家美发设计公司，小丽事先了解到这家公司的女老板喜欢茶道，同时，还有一个令她十分骄傲的女儿。

小丽来到这家公司后，直夸女老板公司的员工个个光鲜靓丽，发型又独特。接下来，小丽看着女老板办公桌上的茶具，询问她是不是喜欢茶道。这位女老板一听到感兴趣的话题，立刻兴致勃勃，跟小丽大谈茶道知识。小丽边听边不停地点头，并且不断地赞美对方懂的真多。而事实上，小丽本身就是来自茶道世家，对茶道的了解，可谓是专家。

不仅如此，小丽还巧妙地把话题转移到孩子的养育上，并向这位美丽的女老板请教，如何做一个好妈妈。

聊到最后，这位女老板不好意思地说道："真不好意思，耽误了你那么长的时间，我尽说些没有用的话。这样吧，我向你购买十套化妆品！"

几次下来，记者发现小丽在与顾客聊天中，不管那些话题小丽是否熟悉，她都会以一种外行人请教专家的态度，诚恳地和对方交谈，耐心听人把想讲的话讲完。

有一句至理名言，叫作"难得糊涂"。事实上，难得糊涂是一种处世的大智慧。身处职场中，很多事情都是瞬息万变，你永远不知道下一刻会发生什么事。或许这一刻你还是高高在上的经理，下一秒钟就成了街边的一个无名小卒。做人不能玩世不恭，但是也不能认真过头、钻牛角尖。如果凡事太过认真，就会过得很疲累，在职场中与人格格不入。**说话的时候适时装傻，技巧性地将主题带往自己的目标，才更容易成功。**

Chapter
2

该低头的时候不要强词夺理

小莉在一家公司担任业务员，来到公司五年，小莉的表现一直很好。但是最近小莉的身体很不舒服，接二连三的感冒和发烧让她感到很疲惫。尽管如此，小莉一向争强好胜，所以没有向公司请假。

小莉这样的工作状态，已经持续了好几天。这天，小莉照常带病上班，一个客户打电话给她，向她询问公司产品的情况。小莉头痛欲裂，没有听清楚顾客在说什么，糊里糊涂将一个产品的信息弄错了。

第二天小莉刚到公司，就被总经理叫到了办公室，狠狠地斥责了一顿。小莉这才知道，昨天自己向客户报错了资料，结果给对方的公司造成了严重的损失。

小莉没有多说什么，只是诚恳地跟总经理道了歉。因为这几年小莉的表现很好，所以总经理也没有再多说什么。

在职场中，硬碰硬不失为一种壮举，据理力争有时可以维护自己的权益。但是，如果硬要拿着鸡蛋往石头上砸，也只是做无谓的牺牲。所以，该低头认错的时候，就不要强词夺理。

小莉在工作中争强好胜，带病工作，以至于在工作中出现了严重的失误。当老板批评她时，她及时勇敢地承认了错误，因此避免了老板的责罚。能屈能伸，留得青山在，不愁没柴烧。**低头认错，并不代表软弱无能，而是暂时退后，以退为进。嘴里承认错误，内心也要认真反省，等待在职场上重新站起来的一天。**虽然暂时低头，但同时还要保有掌控全场的豪气与霸气。要知道，运气虽然暂时远离你了，但是机会还在你的手中。随时保持前进的勇气，这样一来，你身上所展现出来的能力和气度，也同样能让人折服。

不点破他人的过错，职场关系才能更加热络

舟舟大学毕业后，进入了一家知名的跨国企业。接到录取通知时，舟舟特别开心，她好像看到了美好的前途正在向她招手。但是等到舟舟真正进入公司，才发现一切并不像她想象中那样美好。第一个问题就是人际关系。

舟舟觉得在工作中很难和同事进行沟通。其他的资深同事看起来总是很忙，舟舟是新人，工作中难免会碰到不清楚的事务，她很希望其他资深员工可以多告诉她一些解决的办法。可是，每当舟舟想要找他们帮忙时，会发现每个人都在低头忙自己的事情；好不容易找到一个人，对方的态度还异

常傲慢。

有时候，舟舟和同事讨论起工作进度，同事也是爱理不理的。有一次，舟舟因为一个项目出错，被经理狠狠骂了一顿。事实上，出错的部分是其他同事负责的，不过舟舟并没有直接揭穿，而是找到那位同事，诚恳地说：“这个项目是我们两个共同完成的，现在出了问题，如果您不介意的话，我们两个一起修改好吗？”

对方被舟舟的诚恳感动，终于敞开心扉和舟舟一起共事。

赢得了公司里第一个伙伴的信任后，慢慢地，舟舟也赢得了公司里其他同事的认可。

职场中，最容易犯的错误就是心高气傲，眼高手低。人往往都争强好胜，喜欢表现出优越感，发现别人犯了错，很容易脱口而出。舟舟的成功就在于，将自己放在一个中庸的位置，看到别人出错，也不会去告状，而是共同解决问题；看似吃了点亏，其实在职场中赢得了信任与友谊。

身处职场中，难免会遇见勾心斗角的情况。但是，古往今来，凡能成大事者，都能忍人所不能忍，不轻易把话说破，不与人斤斤计较，认为吃亏就是占便宜。

表面上，吃亏的人似乎比较傻，事实上他们得到的要比别人还多。愿意吃亏的女人，拥有一个宽大的胸怀，她们懂得宽容和原谅别人，因此在言语上从来不与人斤斤计较，而是本着宽大的胸怀，谦和地对待别人。她们说话从来都不尖酸刻薄，即使是职场的暗流，她们也总能平静面对。

|会说话的女人最迷人| COMMUNICATION SKILLS MAKE WOMEN CHARMING

- 装傻并非真傻，而是大智若愚的表现，将话题慢慢导向自己的目标，以达到目的。
- 难得糊涂是一种心态，表现在语言上则是一种技巧。善于装糊涂的女人，更容易被人喜欢与接受，在职场中更游刃有余。
- 吃亏是一种福气，面对别人的过错，不脱口而出，一同承担与成长，才能迈向职业生涯的高峰。

16. 开口五秒内，决定对方是否会听你说

把话说到对方的心坎上，是一项重要的本领。懂得说话的人，每句话都能说到别人的心坎里，能精准地预测对方下一步的心思和动作，从而在职场上脱颖而出、左右逢源。这样的人，人际关系处理得宜，让人如沐春风，成为大家都喜欢合作的对象。

日常生活中的说话办事、一言一行都决定着你的成败。俗话说，祸从口出，病从口入。尤其是在关键时刻，说话前一定要三思。说者无心，听者有意，有时候，很可能就因为一句话，断送了自己的大好前程。

有些人说话口若悬河，与其滔滔不绝，不如把话说到点上，这样才能让听者信服。说话就要说到关键点，一味地胡言乱语，只会事与愿违。

一个迷人的女人，说话从来都不会言不及义，她只要一

张嘴，所说的话便恰到好处，增一分太长，减一分太短。让人在佩服她良好口才的同时，也不禁为她的智慧暗暗折服！

说得多不如说得巧

金金在一家大型企业上班，她今年刚满二十五岁，非常年轻。但是在公司里，大家都戏称她“大姨妈”。原来，这是因为金金说话时常常会一句话重复好多遍。公司主管请她汇报工作进度，她总是抓不住重点；办公室的同事询问她工作上的事，她也是一句又一句地重复解释，自己讲得筋疲力尽，别人也听得晕头转向。所以公司里的同事打趣说：“开会时听金金做汇报，我打瞌睡一个小时，醒来照样能听懂她的报告内容，因为她讲的话和我打瞌睡前讲的一模一样！”

所以，每次公司或者部门开会，经理总是安排金金最后一个发言。因为经理害怕金金耽误大家的办公时间，有好几次她的话还没有说到一半，经理便不耐烦地说：“行了，行了，你说重点吧！”更有些时候，经理直接就请她住口别说了。

亦帆与金金就大不相同，她说话干脆利落，条理清晰。平时虽不见她怎么说话，但是她只要一开口，就能语出惊人，切中要害。所以，同事们每次发言完毕，总想听听她的意见，请她分析或者总结他们说的话是否正确。

金金和亦帆是两个性格完全相反的人，金金虽然喜欢说话，但是大家都不喜欢听她说。亦帆虽然话不多，但是大家都喜欢和她说话。由此可见，**一个人说话是否受别人欢迎，不在于她说了多少，而在于她说的是什么。**一些人之所以喜欢长篇大论，无非是想显示自己的才能。现实生活中，还有些人往往喜欢把长篇大论当作是有水平的表现，但事实是说话说重点，才能显示真才实学。

说话滔滔不绝、唠叨不停的女人，实在让人厌烦。她们几乎不会考虑听者的感受，也不管自己的话别人是不是喜欢听，别人是不是听得进。听者虽然很厌烦，但是通常碍于情面只好忍着，心里却骂声连连。

关于多说与巧说，墨子曾经这样形容：“话不在多，而在恰当。田间的青蛙每天叫个不停，但是人们都不予理睬；而雄鸡每天只啼鸣两三声，人们就应声而起。”这样的比喻，实在是太贴切了！

谈判的态度，决定成功指数

筱微是公司的财务主管，这两天她遇到了一件令她非常头疼的事。有一个非常难缠的厂商负责人积欠她们公司 500 万，筱微和他们已经周旋了好多次都没有结果。对方的态度很强硬，不管筱微怎么说，他们就是不还钱。

筱微感到很苦恼，因为这笔钱金额巨大，如果再拿不到回款，筱微的公司就可能面临资金周转的困难。老板为此很发愁，筱微也是担心得睡不着觉。

“是不是我说错了什么话呢？”筱微心里仔细思考着这两天和对方的交流。终于筱微察觉到，可能是自己的态度过于强势，一直强调自己债主的身份，所以对方才不愿意乖乖还钱。

当筱微意识到这个问题后，决定换一种方式去和对方谈判。她不再像之前那样咄咄逼人，而是对对方动之以情，晓之以理，把公司的实际情况，公司所面临的困难等，跟对方讲明。经过筱微的一番努力，对方终于被她的诚意打动了，不到一个礼拜，就把账款付清了。

现实生活中，谁都不喜欢和咄咄逼人、虚情假意的人打交道。讨人喜欢的关键，在于打动对方；而打动别人的最好方式，就是用真心诚意去感动别人。

筱微刚开始的时候，采取强硬的态度和对方谈判，结果让谈判陷入了僵局。后来她变换方式，转硬为软，用真诚的话语和对方交流，最终赢得了客户的信任。

女人天生就是感性的生物，这样的感性，也可以适时用在商场上。在商场上，一个具有良好口才、富有感情的女人，很容易打动别人。一旦打开了对方的心扉，也就意味着赢得了别人的信任，从而为她做人处世提供了很大的便利。

要想用诚心打动别人并不难，记得保持一颗真诚的心，不要巧言令色、油嘴滑舌、敷衍了事。同时，要根据当时的场合与对象的不同，把自己最好的一面通过言语表达出来。如此一来，别人就很容易被你吸引与打动，从而促成更愉快的合作。

掌握公司信息，才能避免误闯禁区

心心刚到新公司不久，一次公司聚餐，大家纷纷举起酒杯，向公司的老总敬酒。轮到心心时，心心举起酒杯说道：“王总，祝福您大富大贵，儿孙满堂。”心心这句话一说完，王总立刻脸色铁青，所有的员工也顿时安静下来。

心心还没有弄清楚是什么情况，就听公司的刘副总赶紧说道："王总，心心是新来的员工，我听部门主管反映，她的业务能力还不错。今年公司招募了不少新员工，而且都很有能力，相信我们公司明年的业绩一定会一级棒！"

说完刘副总跟心心说："你先下去吧。"心心满腹疑惑，刚坐回自己的位置，公司里与她要好的小美便说道："心心，幸好你来公司的时间不长，不然的话你今天死定了，明天就不用再来上班了。"

心心一脸迷惑，问道："这是怎么回事？"

原来，王总本来有一个儿子，可是三个月前儿子不幸因车祸去世，王总悲痛欲绝。他的妻子又早已失去了生育能力。曾有一次，也有一位员工不知情，无意间触犯了王总的忌讳。王总以为别人在故意嘲笑他断子绝孙，当场拂袖而去，弄得大家很没有面子。心心倒吸了一口气，还好有刘副总打圆场，不然她就真的惨了。

身处职场，一定要先了解清楚状况再发言。俗话说："知己知彼，方能百战百胜。"千万不要因为不清楚状况说错话。有句话说："一个人不会说话，那是因为他不知道对方需要听什么样的话。"相同的道理，你也要**设法知道，对方"最不愿意听到什么话"。**唯有这样，你才能真正把话说到对方的心里。

Chapter

2

|会说话的女人最迷人| COMMUNICATION SKILLS MAKE WOMEN CHARMING

- 掌握三个“巧说”原则：说话不要咄咄逼人，给别人留下说话的机会，让人觉得你是友善的。
- 说话不在多，而在于重点。要把话说到对方心里，就要句句说到重点上，而不要顾左右而言他。
- 要把话说得精准，就要在日常生活中用心锻炼。只讲重点，才能在关键时候发挥作用。

17.

避重就轻，才能避开职场中的明枪暗箭

在现实生活中，很多人说话都喜欢避重就轻，遮遮掩掩，故意避开对自己不利的话题。适时地避重就轻，让自己跳出职场中的危机及陷阱，也无可厚非。使用得当，不仅可以让自己脱离困境，还可以变被动为主动，为自己赢得一个主动出击的机会。

说话是一门艺术，也是一门学问。很多时候，一句话可以带来成功，也可以带来失败。最关键的时候，一句话可以让人保命脱身、转危为安，也可以让一个人身陷囹圄，招来不必要的麻烦。

避重就轻是说话的一门战术，真义是避开敌人的锋芒，找出其弱项，主动出击，从而让自己巧妙地占据优势。在职场中，可以作为保护自己的手段。在生活中，巧妙地运用避重就轻，更可以适时避开尴尬。

Chapter
2

避开针锋相对，远离两败俱伤

燕燕从大学毕业后，就在一家公司担任总经理特助，已经十几年了。公司的老总是一位和蔼可亲的长辈，对燕燕很好，燕燕在工作中也很得心应手。作为公司的资深员工，燕燕工作兢兢业业、勤奋刻苦，因此深受老总的信任；公司里大大小小的事情，老总也喜欢交给燕燕处理。

可是最近老总因中风住院了，公司暂由老总的儿子接管。新上任的总经理很年轻，并没有太多的实务经验，虽然也小有才华，但为人却好大喜功，容易自满。所有的一切，燕燕都看在眼里。老总也多次叮嘱她："要好好帮助新上任的总经理。"因此，燕燕十分用心地辅佐，而新上任的总经理也很尊重燕燕。

这天正在召开股东大会，有一个股东不怀好意，想把燕燕赶出公司，自己来操控一切。他当着全体股东的面说道："忠臣不事二主，既然老总已经不在公司了，那么燕燕就该离开，她不适合再担任总经理特助，否则老总的思想会影响到新的总经理，从而影响公司的发展。"

那个股东的用意燕燕十分清楚，这个发言很不友善。如果燕燕回答得不好，自己就只好离开公司。这样，那个股东的目的就达到了。

只听见燕燕平静地说道：“忠良的臣子，愿意为公司鞠躬尽瘁，死而后已。燕燕虽不才，但毕竟已经在公司待了十几年，和公司一起经历过风风雨雨。老总更是智慧过人，带领公司从一个只有十几人的小公司，发展为今日拥有数亿资产、数千名员工的大公司。这样跟随公司一起成长的人，怎么会影响公司的发展呢？”

燕燕一说完，台下就响起了一阵热烈的掌声，就连新上任的总经理，也激动得握住了燕燕的手。

燕燕的回答十分精彩，她明知道对方的用意，但是她偏偏避开对方的刁难，不与之正面冲突，只表明自己的忠诚之心还有老总的精明伟大之处，从而让自己成功地摆脱了尴尬的境地。

身处职场，往往不可避免地会面对别人的责难。这时候，不用正面回答问题，**只需朝着有利于自己的方向，巧妙地避开对方的核心问题，从另外一面去回答，就可以成功避免冲突。**

Chapter 2

避开自己的劣势，强调自己的优势

兰竹在一家新上市的保养品公司担任销售人员，有一天，她遇到了一个十分挑剔的顾客。

那位顾客的肤质较为干燥敏感，而且毛孔较粗，于是兰竹就替她介绍了一款纯植物的护肤产品。可是那位顾客偏偏说道：“我一向都只用国外进口、有口碑的化妆品，从来不会购买新进厂商的产品，也不相信纯植物护肤产品的功用，那些产品对我来说根本就没用，无法改善我的敏感肌肤！”

燕燕听完连忙点头，说道：“您讲得没错，国外进口的某些保养品，质量确实很好，但是价格也很昂贵，普通人恐怕无法长期消费。而且，如果您对保养品的了解不深，反而容易花冤枉钱，买到不适合自己的产品。”

那位顾客后来仔细听完兰竹的分析之后，买下了她推荐的保养品，决定回去使用看看。

这样的情况，兰竹并不是第一次遇到。像这样爱挑剔的顾客满山满谷，明明兰竹替她们介绍的是十分适合她们的保养品，可是她们却不领情，执意说：“这款产品不适合我，另外一种比较适合我！”这样的顾客总挑战着兰竹的智慧。这个时候，兰竹会专注于客户本身的肌肤状况，提供相应的建议，取得顾客的信任。

在商场，商家往往懂得强调自身的优势，避开自己的劣势。如果一件商品有缺点，那么商家在做宣传的时候，一定不会从缺点的部分下手，而会强调产品的优良性，以此来分散顾客的注意力。又例如一个人在买衣服的时候挑三拣四，那么聪明的商家在这个时候，往往都不会和顾客辩解，因为顾客这样讲的目的，无非是为了让衣服更便宜一点。如果这个时候商家说："没错，这件衣服的确存在着这样的问题，您若不喜欢的话可以看看其他的。"那么这个时候，顾客就没有话可说了。

话题七十二变，聪明地保护商业机密

津津是商场的采购经理，这天，她正在与一位客户谈生意。这位客户个性刁钻古怪，很喜欢刁难人。忽然，对方问了她一个问题："你们商场里的商品，都是在哪里进货的呢？"

这个问题很有挑战性，如果她正面回答的话，势必会泄露公司的商业机密；如果不说，又会让对方产生不信任的感觉，不利于双方的合作。

怎么办呢？她在心里暗暗地着急。这时，正好秘书送来茶水，于是她说道："李总，我听说您很喜欢茶道对吗？"

"是的，难道您对茶道也感兴趣？"

"是的，我也很喜欢。我的办公室里放着各式各样的茶叶，绿茶、上品铁观音、普洱茶……其中我最爱喝的是普洱茶，因为普洱茶可以消除油腻。很抱歉李总，我的秘书知道我爱喝普洱茶，所以习惯准备普洱茶。您喝喝看，假如不合您口味的话，我可以请她泡一壶朋友送来的铁观音，听说是极品呢！"

"好的，铁观音正好是我的最爱。没想到您也是爱茶的人，这下子，我可真遇见知音了！"李总说道。

李总话音刚落，津津清脆的声音飘过办公室："小丽，替李总准备一壶极品铁观音！"

在与人谈判时，往往容易涉及很多商业机密，假如被对方不小心问到，正面回答肯定要泄露秘密；可是不回答的话，又会让对方产生不快，这时就要考验你的口才了。遇到这种状况，巧妙地转移话题，就是最好的解决办法。你可以谈一些对方感兴趣的话题，这样一来，就会暂时分散对方的注意力。

值得注意的是，**在转移话题的时候，一定要借助当时的**

形势和情况，做到滴水不漏，不能让对方感觉到你是在故意岔开话题。另外，在岔开话题的时候，最好是谈论对方感兴趣的话题，这样他才会有与你继续谈下去的欲望。谈话的时间愈长，他遗忘自己所提问题的机会就愈大，也更能达到你的目的。

|会说话的女人最迷人| COMMUNICATION SKILLS MAKE WOMEN CHARMING

- 关键的时候，一句话可以让人保命脱身、转危为安；也可以使一个人身陷囹圄，招来不必要的麻烦。
- 避重就轻，可以在职场中作为保护自己的手段。于生活中巧妙地运用避重就轻的手段，适时避开尴尬。
- 在商场，商家往往懂得强调自身的优势，避开自己的劣势，以取得客户的信任。

18. 面子不能当饭吃，偶尔送给别人又何妨

现代社会，想要凭借一个人的力量获得成功，是不可能的。懂得与他人合作，才有成功的机会。而在与他人合作的过程中，难免会遇到矛盾和冲突，此时很多人容易情绪失控，而和对方产生言语冲突。如此一来，不仅不利于事情的解决，还会造成双方矛盾的激化。

现实生活中，一个人的力量是有限的；两个人的智慧加在一起，可以解决更多困难。然而在与人合作的过程中，矛盾和冲突是在所难免的。亲人之间都可能产生不愉快，更何况是两个合作者。在职场中，我们追求的是和气生财。当矛盾与冲突出现时，双方只有本着和气生财的心态，才能把事情解决好。

终止无意义的争吵，创造漂亮的业绩才是关键

琦琦和小冉的公司正在合作研发一款女性化妆品。她们是双方公司产品研发部门的中流砥柱，这次产品的研发由她们共同负责。

刚开始的时候，两个人相处得非常愉快，常在一起搜集产品信息、分析数据，不停地做实验。可是，有一天她们却因为一件事情争吵起来了。

琦琦认为，女性对于香味有一种特殊的依赖，如果在她们研发的产品中加入香料的话，更能增加产品的吸引力。而小冉却不这样认为，她觉得好的化妆品不是靠味道来吸引人的，而是仰赖效果来提升品质。更何况，香料容易引起皮肤过敏，如果没有加以实验就在产品中加入香料的话，对于消费者来说极不负责任。因此，她反对在产品中加入香料。

就这样，两个人为这件事情闹得不欢而散。

第二天两人见面，谁也没有先开口说话，各自埋头做自己的事情。临近下班的时候，琦琦的老板打电话询问她的工作进展，琦琦当着小冉的面说道："我和对方公司意见不合。"

小冉一听顿时火冒三丈："你说这话是什么意思，是说我们公司不肯和你们合作吗？"

“我没有那样说，我只是说我们现在的意见有分歧……”

就这样，双方你一言我一语地吵了起来。

职场中意见有分歧是在所难免的，我们既不能回避，也不能忽视。那么要如何解决呢？

身处职场，时间就是金钱。因此，在意见发生分歧时，聪明的人总是能冷静下来寻找解决的办法。寻找出双方都可以接受的平衡点，而不是浪费时间在那些无谓的争吵上。只有愚蠢的人，才会面红耳赤地与人争吵下去，这样不但不利于事情的解决，还会让事情变得更糟糕。

很多人总是喜欢在毫无意义的事情上争吵个没完，双方互不相让。这样做有什么好处呢？不但浪费了时间，还伤了双方的和气。在意见有分歧时，能够忍耐并且解决问题的人，才算真正展现出了风度与气度。先低头的人绝非软弱，而是大智若愚。合力交出亮眼的成绩单最重要。

言语退一步，合作进一步

小言是个很聪明的女孩，但是为人有点强势。这天，小言的经理安排她跟小和一起合作一个设计项目，小言愉快地答应了。经理这样安排是有原因的，因为小言冲动，小和稳重，两个人在一起合作可以减少冲突。

两个人很快就投入到了工作中，进行得很顺利。但是，在接下来的文案规划中，两个人发生了冲突。当小和把自己的文案拿给小言看时，小言看完随即往桌子上一丢，说道："什么啊，这些想法一点新意都没有。"然后她又接着说："你还是看看我的文案吧，绝对让你跌破眼镜！"

几天后，小和拿到小言的文案，仔细地看了一遍。小和在心里默默地说道："果然是个刁钻古怪的女孩，思路确实很特别，唯一的缺点就是太过招摇和新潮，与公司一贯的设计风格出入太大！"

可是小和并没有明说，而是说道："你的想法是很不错，不过，如果能把我们的意见融合在一起，那这个文案就更完美了，你觉得呢？"小和微笑着询问小言。

小言听完之后，又把小和的文案看了一遍，她在心里默默地想着："是啊，小和的想法也很不错，简单大方，一语中的。"可是，因为小和的文案和自己的风格差异太大了，于是她坚持说："我们两个人的设计风格太不相同了，很难融合在一起。我还是觉得我的比较合适！"

小和看着小言傲慢的姿态，开始感到生气，随后还是忍了下来。她继续说道："正是因为很难融合在一起，所以我们才更要多花点时间讨论啊！”

小言被小和的真诚所感动：若换作别人，早就生气了吧！于是，她静下心来，与小和仔细商量琢磨。最终，两个人的意见达成了统一，拿出了令人耳目一新的方案。

两个人在合作中，如果其中一个人态度傲慢，气焰嚣张，那么对方一定无法忍受。这个时候，如果两个人之中有一个人可以先冷静下来，用微笑和善意的态度与对方进行商量，那么双方的合作成果将指日可待。

任何事情都具有两面性，有些事情虽然看似对自己不利，其实并不然。试着寻找更合适的办法，改变心态与说话的方式，事情就会截然不同。**工作当中难免遇到矛盾和分歧，虽然令人不快，但只要耐心解决，就能达成更完美的合作。**

顾及他人面子，保全自身里子

晔晔的公司正在和另一家公司进行合作，协同生产一批鞋。

晔晔的公司派去了十余名技术人员，以及二十名生产工人。可是，最近在那里工作的员工反映，对方的老总太抠门儿了，提供的午餐质量很差，他们在那里经常吃不饱。

晔晔知道这个情况之后，立刻赶过去了解情况。等到她见到对方的老总时，对方的态度非常傲慢，这让晔晔很是恼火。若不是这项生产任务比较急，晔晔早就当面撕毁合约了。

不过，晔晔是个很聪明的女人，她极力压制住自己的脾气，等到只有他们两人时笑着说道:“王总啊，我着急赶来，走得太仓促，也没带什么礼物来给您。这样吧，我给您讲个笑话。”说完，晔晔讲起了笑话:“有一个老板很抠门儿，他经常克扣员工的薪资。有一天，公司里一位高层看不下去了，就来找老总说:‘老总啊，我们的员工最近都不来上班了，因为他们快没钱坐车了。’这个老总一听高兴得很，说道:‘那他们可以走路来上班啊，正好省了坐车的钱，还顺便锻炼了身体，一举数得！’那位高层继续说:‘是啊，我也是这么想的。可是，关键是现在他们走路走得太多，磨破了袜子和鞋子，没钱再买了！’这时，老板才意识到自己的抠门儿，于是就把钱还给员工了。王总，您说，我们做老板的，是不是要做一个懂得为员工着想的老板呢？”

晔晔说完后，王总的脸上立刻一阵红一阵白，心想，自己确实有疏忽的地方！从此之后员工的伙食改善很多。

Chapter
2

在与人合作的过程中，没有绝对的输赢。当矛盾和冲突摆在眼前，没有绝对的失败者与成功者。商场中，也没有绝对的朋友或者敌人。因此，**在与人来往中，我们一定要顾及他人的面子，不要为了逞一时之快，而耽误了长远的合作。**

语言是思想的外在显现，当矛盾和冲突发生时，最能看出一个人的涵养与素质。有很多人在冲突产生时，都不知道该如何表达自己的想法，尤其是在愤怒的情况下。记得说话要顾及他人的面子，其实也是替自己留条退路。

|会说话的女人最迷人| COMMUNICATION SKILLS MAKE WOMEN CHARMING

- 言语冲突不仅不利于事情的解决，还会造成双方矛盾的恶化。
- 试着寻找更合适的办法，改变心态与说话的方式，事情就会截然不同。
- 语言是思想的外在显现，当矛盾和冲突发生时，最能看出一个人的涵养与素质。在冲突产生时，顾及他人面子，其实也是替自己留条退路。

19.

说不出华丽的辞藻，就用真心感动人

作家列夫·托尔斯泰说过一句话："真正的艺术永远都是十分朴素、明白如画的，几乎可以用手摸到。"其实，与人说话也是一样。真正的好话，向来都是最质朴、最简单的。文绉绉的语言，既不亲切又晦涩难懂，在职场中反倒会成为沟通的阻碍。别再做不真诚的"假面超人"！

愈是质朴的语言，愈能给人留下深刻的印象。古往今来的大家发人深省的话语，通常都是通俗、明白的。它们没有极尽雕琢，却字字真实，句句温暖人心。

"一语天然万古新，豪华落尽见真淳。""陶渊明之诗，质而自然耳。"真实而质朴的话，永远都是受人们欢迎的。艺术大师把朴素简洁作为美的最高境界：清水出芙蓉，天然去雕饰。在生活中，不管是说话还是做人，最受人们欢迎的，往往还是真实朴素的表现。

Chapter
2

单纯直接，更能深入人心

梅芳是一家公司的老板，她没有太高的学历，也没有美丽的容貌。她没有上过大学，在她手下有很多年轻貌美又才华横溢的年轻女孩，这些女孩都很尊敬梅芳。

员工们都说，在我们老板手下做事很舒畅。她善良但不愚昧，和蔼却不失威严；虽然身为老板，却不咄咄逼人。从她嘴里听到的永远都是最真实、最质朴的话语；虽然没有华丽的辞藻，但是却句句发人深省。

作为一家拥有数百名员工的公司，管理起来是有一定难度的。但是梅芳最常说的一句话就是："我能做老板全靠你们，如果没有了你们，我就不是老板了。因此公司里最大的不是我，而是你们。你们有什么难处，一定要跟我说，我是为你们办事的，不是你们为我办事的。"梅芳是这样说的，也是这样做的。

公司成立已有十余年的时间，开了大大小小无数次的会议。每次都会发言的梅芳，从来都不用下属帮忙拟会议讲稿。她的每一篇讲稿，都是自己亲力亲为写出来的，上面从来没有一句漂亮华丽的话，但每一句都是梅芳心里最深的感触。梅芳自己也说："我没有上过大学，不会说好听的话，但是我所说的每一句话，都是我真正想说的。”

公司员工都这样形容梅芳：“她是一颗未经雕琢的钻石，质朴却不失美丽，闪闪发光。”

一个人是否拥有质朴的魅力，看看他如何说话、做人或看看他们的作品就知道了。在我们生命中有这样一群人，例如刘若英、林青霞、蔡康永……他们虽然不是专业的作家，但是他们所写的文章，却深受读者的喜爱。原因就是他们的文笔质朴感人，文章清晰明白。**质朴的人，从来都不会讲漂亮话，但不管是说话还是办事，他们都踏踏实实、本本分分，不哗众取宠。**

身处职场的人见惯了勾心斗角、尔虞我诈，一个质朴的人，反而更容易被他们所信任。和这样的人做生意往往最可靠，不必担心对方会对你耍心眼。他们所说的话，更有力量，更深入人心。

过度包装的话，好听不受用

“靠山山倒，靠人人老。靠来靠去，你会发现，最后靠的只有你自己。”

“自己倒了，谁也扶不起你。”

“爱越分越多。爱是个银行，不怕花钱，就怕存钱。”

“天天有太阳的日子也不好过，不信你试试。”

“当所有人都开镀金的跑车，只有你用双脚走路的时候，你会捡到一颗小小的宝石，因为你和他们不一样。”

“用心看着人，用心和人说话。别觉得自己比人家高，也别怕自己比人家矮。”

“有好事想着别人，别人就会老想着你。你有好事不想着别人，只顾着自己，到最后你就剩自己一个人了。”

这些文字出自著名主持人、演员倪萍的《姥姥语录》。她并不是专业的作家，但是这本书却深受读者欢迎。很多读者反映，他们是流着泪读完这本书的。这本书主要写的是姥姥与外孙女之间爱的故事，文字清澈质朴、真挚感人，让人为之动容。该书自出版以来，其销量一直居高不下，深受读者和出版商的喜爱。

质朴的本质是纯朴、自然，在艺术领域，真正的艺术大家往往把朴素作为美不可或缺的条件。列夫·托尔斯泰曾提到朴素是他一生梦寐以求的。如果说真正美丽的人是不乱穿衣服，不乱施朱粉的，那么真正的语言从来都是纯朴自然、发自内心的。**朴实无华的语言，是一个人内心真实的流露，是他最好的情感反映；这样的语言表面上看起来波澜不惊，**

实际上却有着巨大的感染力。因此，《姥姥语录》才能从琳琅满目的图书中脱颖而出。

现今社会，人人都重视包装，纯朴和自然越来越被人们所遗忘。但是，一个聪明的商人应该知道，话语愈是纯朴，愈容易被人们所相信；愈自然，愈能受人们欢迎，因为它能直击人心。

质朴的语言最闪闪动人

梦倩是一家广告公司的老板。最近，他们公司正在筹划一个广告，准备参加电视台举办的广告企业大赛。如果成功的话，梦倩他们公司不仅可以赢得高额的奖金，还可以提高他们在业界的知名度。因此，梦倩对于这次大赛十分重视，她召集公司里的设计师开会，要求他们无论如何，都要拿出一个自己精心设计的广告。

眼看设计师们交作品的时间就要到了。那些设计作品，有的夸张，有的充满激情，虽然有不少好作品，但梦倩还是不满意。梦倩感到很恼火，那些作品虽然华丽，但却没有深层次的意义，这样的作品怎么可以拿来参赛呢？突然，梦倩看到一个作品，是公司一位新来的年轻设计师做的。这是一个房地产广告，大意是一个女孩在很小的时候母亲就去世了，女孩的父亲一手把她带大。为了给女孩一个安全舒适的家和高质量的生活，女孩的父亲拼搏了一辈子，最后终于为女孩寻觅到一栋位于半山腰的别墅。广告是从女孩的婚礼开始的，整体设计采用倒叙的形式。最让梦倩感动的是，这则广告的广告语，从头到尾都是平实的叙述，质朴却充满感情。

梦倩被这则广告深深吸引，她立即决定，就拿这个作品去参赛；而且梦倩十分有把握，这则广告一定可以获奖。事实证明，梦倩的眼光是独到的，这则广告在参赛的几百个作品中脱颖而出，而梦倩他们公司也顺利拿到了比赛的第一名。

无论是文学还是其他艺术，一个好的作品，要想打动人心，就必须流露出真实的情感；而质朴则是情感的最佳表达方式。**最能打动人心的话语，通常也是最质朴、真实的话语。这是因为愈是质朴的话语，愈是一个人内心真实的反映。**

有人会说，质朴感觉俗不可耐，难登大雅之堂。其实并非如此。所谓的高深莫测、晦涩难懂，反而令人望而却步。真正受人欢迎的，还是那些真实、接近自然感情的东西！

|会说话的女人最迷人| COMMUNICATION SKILLS MAKE WOMEN CHARMING

- 越是质朴的话语，越容易被人们记住；越是质朴的感情，越容易打动人心。
- 现实生活中人人都讨厌虚伪，只有真实质朴的事物才会被人们所欣赏。
- 要想打动人心，就必须流露出真实的感情。而质朴就是感情的最佳表达方式。

20. 不要就勇敢拒绝，女人可不是好欺负的

生活中，需要我们拒绝的东西很多，例如不合理的要求，对自己不利的事情等。但是拒绝别人是一门艺术，盛怒之下的拒绝，容易在言语和姿态上得罪别人；若以高傲的姿态拒绝别人，只会让别人觉得你不可一世。拒绝他人，却不得罪人，才可以让你在职场中无往不利。

艺术大师卓别林说过：“学会说‘不’吧，你的生活将会美好得多！”人生总摆脱不了受人之托，所以“学会说不”是一项必须具备的本领。

生活中如此，职场中也是一样。身处职场，当与人谈判时，难免会遇到一些不合理的要求，或者有损自己的利益，或者违背自己的原则。这个时候，如果直接拒绝，难免过于唐突。职场中人脉即钱脉，如果因为一时的拒绝而损失了自己巨大的利益，这个结果往往是得不偿失的。因此，一定要

学会拒绝的技巧。

说“不”之前，倾听对方的困难

临近年底，小葳所在的公司正在进行员工考核，考核根据员工平时的表现做出判断。因此，这段时间大家都在积极地加班，为自己加分，从而在年底考核时获得好的评分，拿到那笔不菲的奖金。

这天，小葳正在专心处理手里的一项业务。这时，坐在小葳对面的小汶伸过头来说道：“葳姐，我最近工作上遇到了一些麻烦事，我想了很久，也没有解决的办法，你能帮我处理一下吗？”

“是吗，需要我帮你做什么呢，说来听听？”

等到小汶初步透露之后，小葳没有立刻答应，也没有立刻拒绝，她觉得很为难。原来，小汶的某个项目忘了结案，希望小葳帮忙向经理求情，以免影响到年底考核。如果直接拒绝，肯定会让小汶很没面子，毕竟两个人一起工作已经好几年了，是工作上的好伙伴，公司里有好多项目都是她和小汶一起合作的；如果因为这件事情，影响了两个人的关系，小葳觉得很不值得。可是，如果答应了小汶的要求，若是影响到自己的考核，那也不是她乐意看到的。到底该怎样拒绝小汶呢？这时，只听小葳说道：“亲爱的，你可以再把你遇到的问题，仔仔细细地跟我说清楚吗？”

于是小汶把前因后果都给说了一遍。小葳听完，温和地说道：“亲爱的，我想这件事，还是由你自己来解决吧！除了诚恳地向经理认错，我也没有更好的建议。我所能做的，就是再和你讨论看看，有没有更好的解决办法。”小汶虽然失望，但也感谢小葳的倾听。

在工作中，当同事提出不合理的要求时，如果直接拒绝，往往会让同事很没有面子，甚至因此记恨在心。这个时候，最好的办法就是先倾听，再说“不”。倾听会让对方感受到尊重；同时在倾听的过程中，你也会从对方的话里获取更多的信息，知道她面临的处境，还有遇到的困难，**即使你提供不了实际的帮助，也可以提出适当的建议。**

分析利害关系，拒绝客户拖延进度

文丽代表公司洽谈一项业务，几天的谈判非常激烈，不过所有的一切进行得还算顺利。这天，双方的谈判还在照常进行，如果进行顺利的话，就可以成功签下合约，这场激烈的商务谈判也就可以结束了。谁知道，临近谈判的尾声，对方公司提出了一个要求。文丽仔细思考过后，认为对方提出的条件虽然表面上看起来合情合理，事实上却并非如此。如果答应了对方的条件，那么文丽他们公司不仅需要多出一倍的投资金额，甚至还有可能影响到整个公司的运作。但是，如果断然拒绝他们的要求，则很有可能失去这次合作的机会。

文丽仔细想了想说道：“林总，您刚才说的话有一定的道理，但是我认为在实际操作中可能会遇到一定的困难。”然后文丽向林总分析了利弊得失，不露声色地维护了公司的利益。

对方在听完了文丽中肯又完整的分析后，微笑着握住了她的手，说：“我了解了，这个部分有争议的话，就先从其他部分开始进行合作吧！”

在商务谈判中，形势是很难预测的。有时候，会遇到一些让人尴尬或者很难处理的事情。这时候，就很考验谈判者是否具备灵活的语言应变能力，能否巧妙地回答问题，在谈判中学会拒绝也就尤其重要了。拒绝得好，就有可能为公司挣得一笔高额的利润；拒绝得不好，就可能失去一次合作的机会。因此，**在商务谈判中，尽量分析利与弊，才更容易被**

对方接受。

聪明的谈判高手，往往会努力把自己的意见，伪装成对方的见解。他们会先询问对手打算怎样解决问题。如果对方说出的意见和他们的想法一样，他们也会不露声色地让对方相信，这也是他们的观点。这样就充分给了对手被信任的感觉。如果对方反对，就等同于是在反对自己的方案。如此一来，就比较容易达成意见的一致，从而取得谈判的成功。

反驳对方，不一定要唇枪舌剑

小云是一家汽车销售公司的业务员，有着绝佳的口才。同时，她对各种汽车的性能和特点也了如指掌。奇怪的是，这些对于她的汽车销售工作来说，本该是如虎添翼，可是她的销售业绩却一直很普通。原来，这是因为小云喜欢争辩，习惯拒绝客户的要求，因此容易惹恼顾客。

例如，当顾客过于挑剔，或者疯狂索要赠品时，她会和顾客进行一场唇枪舌剑的争论，最后常常令顾客哑口无言。事后小云总是非常得意，常常向同事炫耀：“那个人真笨，什么都不懂还假装什么都懂，我最讨厌的就是这样的人。”这天小云又得理不饶人，和一位前来买车的顾客起了冲突，结果把那位顾客说得哑口无言。不巧的是，这位顾客和小云的老板是好朋友，随后就把这件事情告诉了小云的老板。

小云的老板知道之后很生气，狠狠地批评了她一顿，然后告诉她："和顾客争论并取得胜利，你很得意吧？但是，在争论中你愈胜利，在工作中你就愈失利。要做好销售，就要懂得退后一步！"

老板说完后，小云低下了头。从此以后，她开始学会了谦虚。

有一次，一位顾客来买轿车，小云向他推荐A品牌轿车。可是，这位顾客傲慢地说道："什么A品牌轿车，我喜欢的可是B品牌！A品牌就算你送我我也不要。"这时候只听见小云慢慢地说道："您说得对极了，B品牌轿车的性能和稳定性也很不错，款式也非常棒。看来您对车子很有研究，哪天有兴趣的话，我们再一起讨论A品牌轿车的好处吧！"

那位顾客听完后说道："其实A品牌轿车也不错，或者你向我推荐几款，我考虑一下！"

现实生活中，很多人都讨厌傲慢又自以为是的人。其实，真正的人才是不露声色的。就像小云，之前和顾客争强好胜，不仅卖不出半台车，还遭到老板的批评。后来她学会退后一步，反而吸引了顾客的注意。

Chapter

2

喜欢争强好胜并不是坏事，它可以提供一个人前进的动力。但是过于争强好胜就不好了，一来会让人觉得你不好接近；另外身上的锋芒太露，反而会划伤自己。因此，**做人要学会后退一步，看似让步，实则以退为进。**

|会说话的女人最迷人| COMMUNICATION SKILLS MAKE WOMEN CHARMING

- 拒绝他人时，一定要考虑清楚，你的拒绝会不会给对方造成伤害，会不会给自己造成损失，想清楚之后再开口。
- 拒绝别人时，最好讲出你拒绝的理由，让他明白你的难处，从而取得对方的谅解。
- 如果对方提出的要求不合理，伤及你的尊严，抑或违背你的做人原则，就要毫不犹豫地拒绝。

爱情课题堂堂满分的说话术

Chapter

3

每个人都喜欢另一半在自己的耳边说些甜言蜜语。懂得说话的女人，也会适时地将自己的心意清楚地说出来，送给最心爱的他，带给他欢喜，博得他的宠爱。

21.

吃醋就要说出来，让爱更添美味

爱情是这世界上最美妙的东西，在爱情里有一种最奇妙的情绪，那就是为了所爱的人吃醋。因为爱一个人，所以才会吃醋。为了他和漂亮女生说话而吃醋，为了他多看其他女生一眼而吃醋。吃醋可以为爱情增加调味剂，可别闷在心里，将醋意说出来，才能让他感受到你的爱。

当你看到亲爱的他对别的女人温柔呵护，会不会从内心升腾起一股酸溜溜的感觉？

同样的，当他看到你对其他男人笑靥如花，是不是也会皱起眉头，沉着脸把你从别的男人身边拉回？

这就是在爱情里吃醋的感觉。酸溜溜的，有点委屈，有点心痛。但是当对方温柔地揽过你，在你耳边轻声地说出甜蜜的话，或者在你的脸颊印上一个亲吻时，你又会觉得一切不满的情绪，都烟消云散了。

聪明的女人懂得吃醋，能把握住刚刚好的醋劲，不让这醋味太重而令人难受；也不会让醋味太轻，谁都无法察觉。吃醋的女人最可爱，会让男人打从骨子里对她心疼呵护。吃醋就要说出来，才不会自己都内伤了，另一半却完全没感觉！

偶尔打电话催催另一半回家

小双的老公会当着她的面夸赞街上的美女："那女孩身材真好！"起初，小双心里还酸溜溜的，后来一想，男人嘛，哪有不喜欢看美女的，也就释然了。偶尔她还会和老公一起对街上的美女评头论足。

最近，老公变得不太正常了。以前老公和哥们儿出去吃饭，总是会告诉自己："我和哥儿们出去玩，晚点回来。"现在却告诉自己："我和同事在一起呢，不确定什么时候可以到家。"以前接电话从来不避讳自己，大音量地说话；现在则是一有电话就装模作样地看自己两眼，然后用手捂住话筒接电话。小双被老公的异常行为搞得莫名其妙，但是如果说老公背叛了自己，有了外遇，也不会笨到这么明显地表现出来吧！

小双终于找老公问了个清楚，才明白是怎么回事。原来，老公认为他在夸别的女生漂亮时，小双总是无动于衷，便觉得小双不在乎他，产生了距离。小双这才明白，凡事大度、不胡乱吃醋是好的；但若是完全不吃醋，老公肯定会意兴阑珊。于是，小双开始将自己的关心与醋意说出来。老公晚回来，她会偶尔打电话关切一下；当老公夸别的女人漂亮，她会娇嗔回答："难道有我美吗？"渐渐地，老公的行为恢复正常，小两口之间也更有情趣。

在爱情里，吃醋是一种很可爱的示爱方式。对方能感受到你的关注，感受到你害羞内敛的爱，感受到你害怕失去他的小心思。吃醋是女人的天性，掌握好吃醋的尺度，便能替自己的感情加入适量的调味料，生活就会变得更加有滋味。

吃醋的巧妙之处，在于那一点猜疑带来的生活情趣。聪明的女人，懂得将这点醋劲表达得清清楚楚，不偏不倚地击中男人的胸膛，让他觉得甜蜜而不反感。

说话别带刺，小心变成仙人掌

茜茜和志强结婚以后，发现志强的社交活动很广泛。他经常使用的论坛偶尔会举办一些活动，志强只要有时间就会去参加。每次志强向她报备的时候，她都会故作大方地说“这没什么，你就去吧”，其实心里可不是滋味了。到最后，甚至一个下午接连打好几通电话，问他什么时候回家。面对网友们“妻管严”的调笑，志强无可奈何。

另外，志强工作中常会接触到一些成功的单身女性。有一段时间，为了争取到一个订单，志强经常需要和一位事业有成的美丽女性外出。这让茜茜内心的不满达到了顶点，在志强第二次约对方谈生意的时候，茜茜话中有话地说道：“什么生意非得晚上谈，白天不能谈吗？你们男人啊，都是下半身思考的动物！”

志强赶紧过来哄她，说对方刚出差回来，刚好只有晚上有空，所以自己想抓紧时间争取一下机会。茜茜酸溜溜地说：“算了，你还是去吧！”但是，打从志强离开家门，手机就没有停止响过。无奈之下他只得关机了，总不能在和客户谈话的时候，手机一直响个不停吧！

结果这又让茜茜抓住了把柄。晚上志强回来后，茜茜吵着说志强做了对不起自己的事情，不然干吗关机。志强怎么解释她也不听，两个人就这么闹到大半夜。

茜茜属于乱吃飞醋的类型。其实老公并没有做对不起她的事情，只是她太不相信老公，结果造成吃醋吃过头，这才引起了两人的争吵。爱情的甜蜜之处，正在于恋人对情敌的防备，必要时甚至需要主动出击，先发制人。但是，**理性、适度地吃醋，才能让对方因为你而感动，并更加心疼你。**否则，像茜茜这样毫无缘由、不分轻重地乱吃醋，口不择言、话中带刺，最终必然会使两人反目成仇。

懂得说话的聪明女性，自然能将吃醋吃得恰到好处。所谓理性、适当地吃醋，就是要明白，自己是要通过吃醋的方式，让老公感受到自己的爱，而不是引起家庭战争。过度的吃醋就成了嫉妒，会给感情生活带来不定时炸弹，就连你自己也会像一株仙人掌一样，时不时说出刺耳的话语，影响双方的感情。

故弄玄虚，对方吃醋才是爱你

雅惠自从和老公结婚以后，一直过着甜蜜的两人生活。因为雅惠比老公小了好几岁，所以并没有急着生小孩，而是尽情享受着二人世界。雅惠喜欢上网，但她很少跟网友聊天，只是经常到论坛浏览一些搞笑的留言；看到好笑的地方，常常会忍不住自己哈哈大笑。这时老公就会酸溜溜地来一句："什么事情这么好笑？"然后自己躲到书房里去看书。尽管雅惠告诉过他，自己没有和男网友聊天，只是去论坛看看留言，但是老公还是很在意。为此，雅惠会体谅他的情绪，当老公想和自己说话的时候，她就会离开电脑。

但是，有时候老公惹她生气了，或者老公生她的气不理她了，她就会打开电脑，故意哈哈大笑，假装自己在网络上聊得很开心的样子。然后她就会发现，老公在一边变得焦躁起来，不停地想要偷看她的屏幕，看看她到底在干吗。往往用不了多久，老公就会凑过来，用酸溜溜的语气说，有什么好笑的，什么事比跟我在一起更开心，然后两个人就会和好如初。

吃醋其实并不是女人的专利，有时候男人吃起醋来更可爱。不少人说，女人比较小心眼，所以才会老吃醋。其实不然，女人只是藏不住心思，遇到心爱的他和别的女性亲近，就会自然地表现出不满。而男人大多数习惯把心事藏得很深，其实看到心爱的她和别的男人走得近，心里也会酸溜溜的。无论男女，只要遇到感情，都会变得斤斤计较，对对方的一些小事感到很在意。

在适当的时机，不妨做出一些小举动，让他为自己吃一点醋，并且表达出来。会为了你而吃醋的男人，才是真正爱你的男人。否则他对你的一切都无动于衷，你和别的男生逛街、对别的男生比对他还要好，他都不在乎，那么只能说明——他不喜欢你。让对方吃点醋，亲口说出对你的关心，更能证明彼此的感情。让他感觉到自己离不开你，两个人的感情才会更加稳定。

|会说话的女人最迷人|　COMMUNICATION SKILLS MAKE WOMEN CHARMING

- 爱一个人，才会因为他而吃醋。恰到好处地表达醋意，才能为自己的感情增加一份美味的调料剂。
- 懂得吃醋，但不要乱吃醋。别让自己因醋意变成多刺的仙人掌，语出猜忌且不信任，将双方的感情毁于一旦。
- 在爱情里，双方都有权利吃醋。从不吃对方醋的人，只怕不是真的在意对方。在适当的时候，表达自己的醋意吧！

22. 你一言他一语，常斗嘴让爱情保鲜

想必大家都玩过碰碰车，在妙趣横生的碰撞中，大家欢笑连连。而恋人们也应该经常进行一些很有意思的语言游戏，就像碰碰车一样，双方你来我往，你一言我一语，但是谁都不会动气，也不影响彼此的感情。斗嘴不是吵架，而是保持爱情活跃度的迷人招式。

斗嘴是一种迷人的语言游戏，有时候还能消除恋人之间的摩擦，是一种特别又有效的感情交流。恋人之间的斗嘴，往往甜蜜而温馨，绝对没有伤害对方的可能。

想象一下，两个人在一起，你奚落我，我挖苦你，用轻松愉悦的态度相互抬杠，看似在吵嘴，其实却是最柔情的爱意表现，比起直抒胸臆的表达都要深刻。在感情的保护伞下，斗嘴只有刺激和愉悦，却不会带来任何危险，让两人之间甜甜蜜蜜。

Chapter

3

在恋爱中，如果能够学会恰到好处地和对方斗嘴，就能加深两个人的感情，增进彼此的了解，同时也为两个人的感情生活，增添鲜亮的色彩。

别让斗嘴演变为斗争

小颜和孝宏这对恋人，已经携手走过三个年头，两个人在一起默契十足，相互之间很能体谅对方。可是，最近这对甜蜜的小情侣却闹出了问题。

原来，这天两个人去看电影，片里的男主角很有英雄主义情结，电影散场后，两个人还在热烈讨论着片子里的女主角是不是有英雄崇拜倾向。听到这里，孝宏下意识地问了一句："你最崇拜的人是谁？"

小颜说道："我最崇拜的人是我爸爸！"

孝宏有点吃惊："真的？"

小颜点点头："嗯，那些英雄伟人都离我太遥不可及了，而我爸爸是个真正的男子汉。"

"这么说，你爸爸就是你心目中的上帝？"

小颜认真地点点头："可以这么说，你不服气？"

"可是，你心中的这个上帝就只是一个小职员罢了，有什么了不起的？”

“小职员又怎么了，小职员就不能很伟大吗？你就这么看不起我爸爸，看不起我？”

眼看小颜真的生气了，孝宏有点无法理解：“怎么了，不就是和你开了句玩笑而已，有必要这么生气吗？”

小颜瞪了他一眼：“我算是看透你了，别再跟我说话！”

孝宏感到莫名其妙，认为小颜是在无理取闹，而小颜则生气孝宏不尊重自己的爸爸，两个人因此生了好久的闷气。

恋人之间相互斗嘴，最应该避免的就是像孝宏和小颜一样，用这种戏谑的方式来揶揄对方，过于夸张。**即便是两个人斗嘴，也要照顾到对方的感受，最好不要涉及对方的弱点和短处，例如生理上的缺陷，或者挖苦对方尊敬的长者。**如此一来，反倒成了批斗大会。

就像小颜一样，没有人会喜欢听到对方挖苦自己的老爸，斗嘴时可千万不要对对方的偶像进行攻击，也不要挖苦对方引以为傲的事情，否则很有可能引起对方不满，自讨没趣，弄得两人不欢而散。而孝宏就是没有注意到这一点，才会害得两个人从原本的打情骂俏，演变为互生闷气，这就很不值得了。

Chapter
3

斗嘴不等于争吵，避免好心被狗咬

彦祖最近忙着工作上的调动。因为他马上要和自己的女朋友诺诺结婚了，所以他想将自己的工作调动到诺诺所在的城市，这样两个人结婚以后，就不用分居两地了。但在这个过程中却遇到了一些困难，让事情的进展不是很顺利，所以一向乐天派的彦祖也变得忧心起来。

再次见到诺诺的时候，彦祖有些闷闷不乐，几乎是苦着一张脸陪诺诺在公园里晃了很久。诺诺感受到沉闷的气氛，逗他道："你怎么啦，愁云惨雾的样子，谁欠你钱啊？"

彦祖一听这话，心里更郁闷了："你还有心情取笑我，还不是因为你我才会这么一筹莫展。我都快烦死了，你还有心情开玩笑，真是没心没肺！"

诺诺觉得很委屈："什么叫因为我啊？结婚又不是我一个人的事情，难道你不想结婚，不想和我在一起吗？"

彦祖本来心情就不好，看到诺诺还在那里斤斤计较，生气说道："你这么任性，我看我还是再仔细想想吧！"

诺诺气得丢下彦祖，自己坐车回去，不再理会他。这对小情人冷战了将近一个星期，才在彦祖的主动求和下和好。

这又是何必呢？虽然斗嘴可以增添情趣，但是**在斗嘴的**

时候，多少也要顾虑一下对方的心情。唯有两个人在一个放松的环境里，在双方心情都比较愉悦的时候，才能真正享受到斗嘴的乐趣。

想必每个人都曾有过以下的体验。当你心情愉快的时候，随便有个人过来和你开玩笑、抬杠，你都会觉得这个人真有意思，说的话真有趣。但是当你情绪低落，郁闷不悦的时候，如果有人过来调侃你几句，你肯定会皱起眉头，心想：这个人真是讨厌，有没有长眼睛，没看见我正烦着呢！

恋人之间也是如此，即使是最亲密的人，也应该在斗嘴之前，留意一下对方当下的心情，否则很容易引发争吵。一边觉得自己好心被狗咬，另一边觉得对方不懂事，对两个人的感情有百害而无一利。

随时斗斗嘴，让爱情常有新鲜感

志俊是一名警察，因为工作，他很少能在家里陪伴老婆和孩子，常常一回到家，就看到老婆郁郁寡欢的样子。为了活跃气氛，逗老婆开心，志俊每次见状都会和她斗斗嘴，缓和一下老婆郁闷的情绪。

有段时间因为工作繁忙，志俊连续一个月都没有回家，这让老婆特别不开心，哄了好久，老婆还是凶巴巴的。他无奈地说："宝贝，你就不能像别人的老婆一样温柔体贴吗？"

老婆一听马上回道："你现在才觉得我不够温柔，看不顺眼吗？是谁当初恋爱的时候，总是跟我说，就是喜欢我有个性，难道现在后悔了吗？"

有天晚上，志俊回家的时候，孩子已经睡了。他看到老婆正在替自己热饭，孩子睡得香香的样子，说道："你说这世界也真奇怪，自从盘古开天辟地到现在，女人生出的孩子，都要随着男人的姓。"老婆回击道："哪个男人不是我们女人生的？再说谁规定现在的孩子都要跟男人的姓了？亏你还是个警察呢，难道不晓得法律规定可以从母姓吗？"志俊无语，说道："我随便说说，你也随便听听，干吗这么认真！"老婆说："你才不是随便说说呢，你就是这么想的，骨子里就是个大男子主义！"志俊再一次被老婆打败了："行行行，我就是这么想的！"

我们可以很容易看出来，其实这才是一对真心相爱、彼此在乎的夫妻。他们相互之间的斗嘴，只是调节家庭气氛的一种手段。斗嘴和争吵是完全不同的，争吵往往是两个人对一个问题无法达成一致，一方为了说服另外一方，而爆发的激辩。**而斗嘴则没有具体的目的，并不是为了争出一个结果，或者解决**

什么问题，仅仅是用单纯的话语来撞击对方的心灵，从而达到一种感情上的交流。

所以，深深相爱的恋人们，对于斗嘴常常乐此不疲，哪怕只是一点小事，也能斗得津津有味，从内心深处享受这种相互信任、相互包容的感觉。

每个人都有自己的性格，在发生摩擦和矛盾的时候，要懂得将这种摩擦转变成爱的火花，而不是争吵的熊熊怒火。不妨多多练习斗嘴的技巧，这样既能斗出乐趣，又可以在争吵之前，成功转换气氛。

|会说话的女人最迷人| COMMUNICATION SKILLS MAKE WOMEN CHARMING

- 斗嘴的时候不要冷嘲热讽，更不要揭对方的伤疤。否则一旦伤害到对方的自尊，就会不可避免地发展成争吵。
- 留意另一半的情绪，当斗嘴即将演变成争吵的时候，一定要紧急刹车。
- 打是亲，骂是爱，斗嘴是打情骂俏的最佳方式。运用好这个武器，更能替感情加分。

23. 会撒娇的女人，男人更离不开你

撒娇是女人的天性，无论多么坚强能干的女人，总会在自己的爱人面前，露出小鸟依人的一面。会撒娇的女人最有女人味，她们会让男人觉得，他是她们的保护伞。适当地撒娇能够满足男人的虚荣心。做个会撒娇的女人，让自己的爱情升温吧。

撒娇是女人的特权，更是女人“收服”男人不可或缺的装备之一。

女人的撒娇，能够唤起男人小小的虚荣心，使他们焕发出男人的本色，使其感受到征服的快感。当女人撒娇时，男人总会忍不住地想要呵护对方，觉得自己是另一半的依靠。

撒娇时的女人是最可爱妩媚的，能将女人的风情展现无遗。撒娇让对方仿佛掉进了蜜罐子，有多少男人能够抵挡呢？

撒娇并不难，难的是在举手投足之间，一个举动、一次交谈，自然流露出的女性的小淘气和小依赖，让男人心动不已。

学习做一个会撒娇的女人，无论是在恋爱初期，抑或是步入婚姻以后的日日夜夜，都不要忘记身为女人的温柔和风情。经常对他撒娇，让他感觉到你需要他，两个人的感情才能长久而稳定。

撒撒娇，抚平他的不满

小纤和老公约好了下班以后一起吃晚饭。然而计划赶不上变化，眼看到了约好的时间，小纤因为手上还有一些工作没有完成，实在是走不开。她心想：这么遵守时间的老公，面对自己又一次的迟到，一定会很愤怒，说不定还会因此吵起架来！

好不容易忙完工作，赶到约定地点一看，可不是吗，老公正气呼呼地坐在座位上，一张脸黑得跟包公似的。小纤慢慢走了过去，坐到座位上，面对老公，扁着嘴可怜兮兮地说：“这双凉鞋好讨厌，早不坏，晚不坏，偏偏在我来找你的路上坏了……老公，真是对不起，我又迟到了……”

老公还没等小纤说完，就打断她的话，一脸心疼地说道：“干吗不让我去接你呢？快让我看看你的脚，有肿起来吗，痛不痛？”

看着老公弯下身体检查自己的脚踝，小纤调皮地吐了吐舌头。对于在乎自己的人来说，女人的撒娇还真是管用！她满足地想道。

撒娇是女人的杀手锏，一出手就能点中男人的死穴，让对方无法抵抗。一个强势的女人，不一定能够制服得了男人，但是会撒娇的女人，却肯定是男人的“克星”。再强硬的男人，往往也会在女人的嗲声嗲气中手足无措，忘记自己还在生气。女人啊，适时地显现娇弱，软绵绵地说上几句话，在你面前的男人哪怕是为你上刀山、下油锅，都会在所不辞。

但是，喜欢撒娇的女人很多，会撒娇的女人却很少。因为撒娇不是单纯发嗲、任性妄为，不是尖酸刻薄、故弄玄虚，更不是小题大做，有点事情就大惊小怪。因为这样不是撒娇，而是撒野，这样的行为不但得不到男人的心疼和宠爱，还会弄巧成拙，让对方对你敬而远之。有哪个男人会喜欢撒野的女人呢？懂得撒娇的女人，能够掌握好撒娇的火候，散发出浪漫的气息，为自己加分，也让感情升温。

个性别太“直”，及时给对方台阶下

周末，丫丫和男朋友正在逛街，突然丫丫一个接着一个地打起了嗝。只见她不停地打嗝，男朋友慌慌张张地又是递水给她喝，又是拍她的背部，又是要她暂时憋气，但都无济于事，丫丫还是不停地打嗝。

丫丫十分难受，直嚷嚷：“该怎么办，难受死了，你一点办法都没有吗！”男朋友这下子更是心急如焚，皱着眉头抱怨说：“就你整天状况最多，总爱给我添麻烦，再烦人你自己逛，我不陪你了！”

看到男朋友这种态度，丫丫心里生气极了，又不是自己愿意打嗝的，这个人怎么能这么不体贴、不关心她！刚想骂他，突然发现自己不打嗝了。于是，她笑嘻嘻地挽着男朋友的手臂，说道：“哇，你这招还真是管用，你看我都好了！”

男朋友也意识到自己话说得有点重，看到丫丫撒娇的模样，他也就顺着台阶下：“那还用说，我就是故意这么说的，幸亏管用，不然你还得继续难受下去！”

一场很有可能发生的争吵，就这样在丫丫的撒娇中烟消云散。

撒娇带着一些狡黠，也带着一些娇嗔，有讨好对方的意

思，也有点挑逗的意味。也许有些女性会心生不满：男人和女人都是平等的，凭什么要我赔笑脸？搞得好像是我屈服在他的怒火之下一样。其实，不管是深情的恋人，抑或圆满的夫妻，都需要一定的智慧和技巧，来维护自己的爱情。在适当的时候，向男人撒撒娇，非但不是软弱和服输的表现，反而更能体现女性的韵味。

就像丫丫一样，如果她当场和男朋友吵起来，两个人就很有可能在大街上闹得不开心，这样不仅损伤对方的面子，更会影响两个人的感情。而丫丫及时的一句撒娇的话，则给了对方一个台阶下。丫丫的男朋友肯定会在心里觉得愧对于她，自己的态度这么不好，她还这么“巧笑倩兮”地对待自己，以后想必会更加用心地对待她。

懂得撒娇的女人，就拥有这样的魅力，能让对方一往情深！

不轻易河东狮吼，感情更深厚

下班了，碧碧到菜市场去买菜，看着琳琅满目的蔬菜肉类，她打电话给老公，问他想吃什么。老公在电话那头想了半天，说不出来。碧碧于是说道：“那我就买香菇和胡萝卜好了。”老公一听很不高兴：“怎么又是香菇和胡萝卜，天天吃烦不烦啊？”

老公可能正好在忙，所以说话的语气有些冲。碧碧一听火气上来，大声说：“那你说你想吃什么啊？”

老公一点耐性也没有，说道：“随便吧，我不吃了！”接着就挂了电话。

碧碧火冒三丈，好不容易冷静下来后，她买了鸡肉和黄瓜，然后又打电话给老公：“老公，我买了另外两种菜，你今天晚上要不要回来吃嘛？”

老公也感觉到妻子有意示好，便说道：“老婆好厉害啊，我当然要回家吃啊！”

试想，如果碧碧没有退让撒娇，那么这对夫妻的晚餐会怎样？只怕老公真的不会回家里吃晚饭了，两个人还会爆发一场争吵，这对两个人之间的感情将会造成多么大的伤害啊。

也许，恋爱中的女性，撒娇是很自然就能做到的事情。然而对已经结婚的女性来说，或许已经过了小女生爱幻想的年龄，撒娇就不是那么容易了。大多数女性结婚以后，都面对着柴米油盐的家务事，被生活磨去了小女生的心性。时间久了，难免会让男人觉得索然无味。

要知道，适当的时候跟老公撒一下娇，更能增添两个人的情趣。当老公有一些举动引起你不满的时候，或者两个人无法达成一致意见的时候，难道你非要用大声吼他的方式，来让他屈服于你？当你用委屈的眼神看着他，可怜兮兮地说“老公，这样做行不行嘛”，相信你一定会触动他心里的柔软，平息他的激动，从而“收服”他的心。

|会说话的女人最迷人| COMMUNICATION SKILLS MAKE WOMEN CHARMING

- 撒娇是女人天生的本领，在男人面前，女人的撒娇总能令他向你妥协。
- 撒娇要注意火候，不要无止境地胡闹，否则当撒娇变成了撒野，不但得不到男人的宠爱，还会引起对方的反感。
- 撒娇是一种智慧，女人如果能掌握好尺度，就可以为爱情增添不少情趣，和另一半幸福美满。

24.

说话带点刺，让“烂桃花”通通滚开

当一位男性深情款款地邀请你时，你是不是会不好意思拒绝对方？当有人努力不懈地追求你的时候，你是不是会害怕伤害他而无法开口说“不”？但是，也许你已经有了自己的真爱，不得不拒绝他。委婉地带点刺，达到拒绝对方的效果，可以让事情有个圆满的结局。

大多数情况下，我们必须拒绝一些异性的追求，因为在一段时间内，我们只能选择一个自己真心喜欢的人。所以，当我们碰巧遇到其他追求者的时候，就需要好好考虑一下，怎样恰当地拒绝他人，才不会使对方感到难堪。

拒绝对方的时候，不能仅仅用一个冰冷的“不”就把对方给打发了。适当地考虑一下对方的感受，顾及对方的尊严是很有必要的。当女性拒绝对方追求的时候，要尽量婉转，但态度要坚决，说话带点刺，对双方都好。不能犹豫彷徨，否则会给对方可乘之机，也给自己带来伤害。

Chapter

3

婉拒不合适的对象，以免对方更受伤

舒舒毕业后来到一所高中担任数学老师，她课教得很好，又风趣幽默，对学生很有耐心，班里的孩子都很喜欢她。每当她穿着淡青色的连身裙出现在教室门口，班里总会响起开心的笑声。

有一天下课后，她被一名男学生拦住了。他将自己的数学作业本递给她，说道："老师，对不起，我作业忘记交了。"舒舒微笑着朝他点点头，将他的作业本接过来。回到自己的办公室，她稍微休息了一下，开始批改作业。她第一个翻开的就是刚才那个男生的作业本，这时，她看到作业本里夹着一张字条，上面写着："证明题。已知：我爱你。求证：你也爱我。老师，这是一道证明题，但是我不会证明，请您帮我证明好吗？"

舒舒心里左右为难，这道证明题根本不会被证明，因为这是不可能的事情。可是，如果直接拒绝他，又会伤害到这个敏感的孩子，该怎么办呢？

舒舒想了又想，提笔写道："证明：因为爱人者，人恒爱之；敬人者，人恒敬之。因为：你爱我；所以：我也爱你。"

巧妙的证明、委婉的拒绝，既维护了男孩的自尊，又打破了他的幻想。舒舒用幽默的方式，将男孩原来的意思做了曲解，将他字里行间溢满的“爱情之爱”偷换了概念，转换成“博爱之爱”。这是一种温柔的拒绝，是对学生的细心呵护。微微带点刺，却又不伤人。

舒舒既适度地回绝了对方的要求，又保全了对方的面子。当我们面对长辈、亲朋好友，或者是一些善意的陌生人，无法接受他们的提议，但又不想伤害他们的时候，最好的办法，就是像这样委婉地拒绝他们。也许会有人认为这并不容易，再说并不是人人都拥有这样敏捷的思维能力。但是，我们总会在一次次的伤害和被伤害中学会这些。以诚相待、将心比心，你会知道**很多事情，拒绝总比不拒绝来得好；说话带点刺，却更不伤人。**

突显主要目的，以保持安全距离

波波在公司主要负责产品的销售策划，所以很多时候，她都和客户维持着直接的接触。有一次，在和一家公司的总经理商谈过后，对方发短信给她，问她晚上有没有时间陪他出去吃夜宵。波波心想，订单还没有顺利拿下，贸然拒绝怕是不好，便欣然赴约。

见面后，经理有些喜出望外。一路上，又是替波波开车门，又是问波波车里面闷不闷，俨然一副“有情郎”的模样。饭桌上，波波一直在向经理敬酒，并且向他介绍自己公司的发展过程，还有以后的发展规划，并不停地赞扬这位经理，说对他早有耳闻，见了之后觉得他真是一位有气质、有修养、讲诚信的企业家，人品很好，对待异性风度翩翩，在业界很受人尊敬。虽然波波隐约中强调对方的人品，以示保持距离，但经理还是颇为受用，内心得意扬扬的，谦虚地说:“哪里哪里，你真是过奖了！”

饭后，经理送波波回家。临别时，经理礼貌地握了波波的手，说道:“很感谢你这位漂亮聪明又自尊自爱的女性，能陪我度过今晚，我会永远记得你。”当然，波波最后顺利拿下了订单。

这样的情况在现实生活中经常会遇到，无论是为公司利益，还是为顾全大局，很多时候我们都无法直接拒绝对方的邀请，而必须无奈地与对方斗智斗勇。波波的处理方法就很好，她假装不知道对方的真正意图，并把对方当作自己的长辈、偶像，夸赞对方人品好。人都是有廉耻和荣辱之心的，对方听闻她这些夸赞，在心里便已经明白了她的意思。

所以，**对于这些心怀鬼胎，但又不能直白拒绝的人来**

说，我们不妨突显主要目的，以保持安全距离。例如，你还可以在客户约你吃饭的时候，同时约自己的上司或者客户的老婆一同出席饭局，这都是一些婉转表达拒绝的姿态。这样的拒绝为对方留足了面子，展现了你成熟和高尚的人格，使对方对你产生敬重之心，对你的印象会大大提升，往后的合作，就再也不用操心！

该拒绝时，别当软柿子

亚楠顶着沉重压力和一个大客户签了订单。这份订单得来不易，客户是个狠角色，几乎把价格压低到不可能的地步。幸亏自己没有放弃，一遍又一遍地用自己的敬业和真诚来打动对方，这才顺利拿到这位客户的订单。

亚楠的辛苦，都被默默喜欢她的上司永强看在眼里。在亚楠拿着合约找他签字的时候，他邀请亚楠共进晚餐，以庆祝她这次的成功。亚楠正欢欣雀跃，想都没想就答应下来。

到了吃饭的时候，亚楠才发现，就只来了他们两个人，他本来以为还会有其他同事，这让亚楠觉得有点尴尬。但是事已至此，也没有别的办法了。结果，这顿饭让亚楠发现，原来永强是一个非常幽默风趣的人。

Chapter 3

有了第一次，永强以后便找各种理由，邀请亚楠出去玩。无论是吃饭、打桌球、看电影，他总有理由约亚楠出去。有时候亚楠并不想去，因为自己有着一个已经论及婚嫁的男朋友。但毕竟永强是自己的上司，她也不好拒绝。

时间久了，公司里开始传起了闲话，大家都在议论纷纷，说亚楠是不是和上司有什么特别的关系。她的男朋友听说了，也对亚楠疑神疑鬼，经常为此和亚楠发生争吵。亚楠觉得自己的工作和生活都受到了很大的影响。

若想在职场中安安稳稳地生存，就应该懂得处理职场中的感情。对于自己不喜欢的人，或者你并不想和他在一起的人，就要懂得巧妙地拒绝。尤其是**暧昧的对方单独请你吃饭等状况，如果你不想接受，就找借口推脱掉。否则一次次地接受，只会令你更加被动。**最后闹得沸沸扬扬，不仅影响自己的名誉，对自己的前途发展，更是有百害而无一利。

尤其是聪明敬业又出色的女性，更容易得到男上司的赏识。但是对于男上司的追求，如果你不喜欢，那么拒绝的态度就要明确一点。不要像亚楠一样，犹犹豫豫，最后搞砸了自己的感情，也让自己陷入八卦旋涡中。

会说话的女人最迷人

COMMUNICATION SKILLS
MAKE WOMEN CHARMING

- 对于真心喜欢你、追求你的人来说，虽然要顾及对方的自尊，但如果不适合，也要委婉地告诉他，不行。
- 对于心怀鬼胎追求自己，但是又不能得罪的人，可以委婉表达自己的拒绝，以杜绝“烂桃花”。
- 如果你不想和男上司发展办公室恋情，就该大胆地对他的追求表示拒绝，以免给你带来更大的麻烦。

25. 给男人留面子，他会更努力地爱你

男人更容易被怎样的女人吸引呢？温柔的，泼辣的，大方的，都各有韵味。但不管怎样，会说话的女人，才能长久地留住男人的心。想想，当他情绪低落时，你却说个不停；当他兴致勃勃时，你却爱答不理，这样的感情怎能长久呢？

在爱情的世界里，有甜蜜也有争吵，有哭泣也有欢笑。但是，女人怎样说话，才能令男人神魂颠倒？

会说话的女人，遇到事情懂得大事化小，生气时懂得用温柔的话语来代替大声训斥，发生分歧时懂得用适当示弱代替不相退让的指责，怒火弥漫时懂得适当收敛自己的情绪。当男人飞黄腾达时，懂得赞美他，让他更有信心和勇气；在男人陷入低谷时，懂得给予鼓励，维护他的自尊。

而一个总是唉声叹气、答非所问的女人，在男人面前肯定是不吃香的。

男人的心并不都是坚硬的石墙，他们内心也有柔软的地方。如果你能触动他们内心的柔软，两个人的感情生活就会一帆风顺。

做一个会说话的女人，用你的温柔、知性、坚忍和体贴打动他。

不浇对方的冷水，感情热度永不退

俊杰回到家，一边喘气一边兴奋地对妻子说：“兰兰，你知道吗？今天我们老板喊我过去，跟我说我的项目设计得非常不错，还让我在决策会议上将项目详细讲述了一遍……”

兰兰正忙着煮饭，并没有认真听俊杰在说什么。她随口应付了一句，说：“哦，是吗，那可真不错。老公，你要不要吃可乐鸡翅？晚饭我做了可乐鸡翅。还有，家里的抽水马桶好像出问题了，你等会儿记得看一下。”

俊杰连连点头：“嗯，我知道了老婆。你知道吗，我们经理终于注意到我了，虽然我只是个小员工，但我想这是一个很好的机会，那么多人在下面听我的报告，我都快紧张死了。不过事后，经理说我讲得很好……”

兰兰打断他的话，说道：“老公，我觉得他们只是例行公事而已，你先不要想太多了。帮我递一下铲子好吗？还有，明天下班你去一趟学校，接孩子回来。”

俊杰不再说话了。他知道是兰兰听不进去，才没能和自己好好说话。他去修了抽水马桶，他知道自己明天要去接孩子放学，可是他好像对这一切都没有了兴趣。

这样的婚姻生活多么令人无奈？一个人兴高采烈地分享，另一个人却不懂得认真倾听。我们可以预见，俊杰和兰兰平时的生活一定很平淡。一个会说话的女人，绝对不会置对方的话题于不顾，她会认真倾听对方的话，然后给予对方想要的鼓励和支持。夫妻生活本来就是需要相互扶持，一路走下去的。如果总是浇对方冷水，不会体贴地说话，那么即使两个人能够有惊无险地走完一生，也会乏味无趣。

会说话的女人，懂得安抚男人的心。当男人遇到好事时，给对方以鼓励；当男人受到打击时，给对方以勇气。如果总是对男人的话充耳不闻，那么你也会慢慢失去他的心。

轻声细语，以柔克刚最有力量

斌斌的公司里来了一位新员工，是个温柔的女孩，刚好就坐在他的对面。其实，这女孩长得不算很漂亮，眼睛也有点小，但是很小鸟依人。有时候斌斌和同事在一起聊天，她也会参与进来发表看法，但从不会抢话。斌斌还记得这女孩第一次和他说话的时候，轻声细语，让人感觉如沐春风。

有一天下班，女孩过来向他借一本书。他们从未单独说过话，女孩可能有点紧张，声音很小地问他："你的这本书我可不可以带回家看？"斌斌顿时觉得一阵春风吹来，这女孩太清新了！斌斌点头如捣蒜："可以，当然可以！"

渐渐地，斌斌发现自己喜欢上这个女孩了。他愈来愈喜欢听她银铃一般的说话声，每次听到她说话，他就会觉得自己的心里有种畅快的感觉。终于，斌斌对她展开了攻势。两个人顺利地恋爱，论及婚嫁，从此在公司里成为一对模范夫妻。因为女孩的温柔，斌斌原本暴躁的脾气收敛了很多，人也不那么毛躁了。在两个人的婚礼上，斌斌是这么说的："她的温柔就像是一杯酒，香醇却有后劲，一辈子我都尝不够。"

纵然是铁骨铮铮的男儿，在女人的轻声细语面前，也会心甘情愿沦陷其中。有时候，一声柔情的呢喃，都能让他们心动不已。在现代社会，愈来愈多女人变得精明干练，也许是为了向社会证明女人不比男人差，也许是为了向男人证明自己的地位。但是，**如果为了显示你的强势，对男人颐指气使，只会让对方落荒而逃，甚至对你产生不满和厌倦。**

没有一份爱情会历久弥新，一纸婚约永远无法约束住男人的一颗心，但是温柔和耐心，却可以让他乖乖成为你的俘虏。运用温柔的力量，对他轻声细语，铁汉也会有柔情。

少说话，多陪伴，织出爱情网

文媛一直暗恋着从小一起长大的邻居小科，但是小科只把她当成妹妹，对她只有兄妹之情，而没有爱情。

小科和朋友合伙做生意，结果对方卷款而逃，小科只落得一场空的结果。

文媛从隔壁跑来安慰他，只见小科一瓶接着一瓶地喝着闷酒。文媛也不阻止他，只是待在他身边听他抱怨，抱怨朋友的背叛。偶尔，文媛会说：“别喝了，喝多了对身体不好！”但大多数时候，她只是在一旁静静地听小科诉苦。

当天，她将喝醉的小科安置妥当后，就回了自己家。没想到过一阵子后，小科主动过来找她，问道：“我们能不能……试着在一起……相信我，我会让你过上好日子的。”

文媛惊讶万分，没想到期盼已久的爱情就这么到来了。而在两年后他们结婚的当天，小科才告诉她：“你知道吗，你陪我醉酒的那一夜，我才发现你是那么美丽。虽然你没有多说什么，但我能够感觉到你对我的支持和肯定。当时我就知道，我不能再忽视你对我的感情了，不然我会后悔一辈子。”

一般来说，总是女人向男人诉苦，倾诉自己的委屈和不快乐。但很少有女性注意到，男人也会感到疲累，也会想要一吐苦水。有时，他们更需要一双耳朵，静静地听他说话。即使你说的话不多，他们也能感受到你的安慰和支持。

所以，当你习惯了在他耳边喋喋不休的时候，当你迫不及待地想把自己的想法灌输给他的时候，你有没有注意到，他已轻轻地皱起眉头，脸上有一丝的疲倦和不悦？在爱情中，张弛有度的谈话才是最重要的，面对心爱的他，不要一直说个不停。**暂时闭上你的嘴巴，无言也是一种美丽，真诚的倾听比一切话语都更有意义。**

|会说话的女人最迷人| COMMUNICATION SKILLS MAKE WOMEN CHARMING

- 感情如果没有交流就会枯竭。关心对方说话的内容，否则两个人没有交流，生活就会失去很多乐趣。
- 温柔是女性的可爱模样，不要大声呵斥他，要用你的轻声细语打动他的心。
- 在爱情里，要做一个懂得倾听的女人。有时不用多说什么，无声的鼓励和支持，也可以带给他感动。

26. 做个“肉食女”，主动说爱别矜持

女人往往都是被男人追捧的公主，但是没有人规定，在爱情里面，男性必须是先行者。如果你真的喜欢他，那么不妨放下身段，试着主动去试探、追求他，不然错过以后，遗憾将无法弥补。

俗话说：“男追女，隔座山；女追男，隔层纱。”

如果你真的喜欢一个男人，而他对你也并不讨厌，那么你不妨主动展开攻势，得到他的心，成全自己的浪漫梦想。

你一旦决定发动攻势，就不要太过害羞。一些女性生性胆小内向，不敢大大方方说出自己的爱，总是通过一些不明显的暗示，试图让对方明白，结果对方往往呆若木鸡，女方却误以为男方对自己没意思，从而错过一段美好的缘分。

另一方面，追求他的时候，也不要太过热情或猛烈。太迅猛的爱情攻势会让对方怀疑你另有所图，也不利于双方感

情的进展。

爱要直接，以免留白

落落马上要举家搬迁到国外去了，但是落落有个相恋很久的男朋友阿松。她想留下，但又开不了口，一直到上飞机的前一刻，落落送给男孩子一个闹钟，说道：“我的心就是它走动的声音，希望你打开我的心。”

阿松拿着闹钟，忍着泪水送走了落落，失魂落魄地回到家，心里好像空了一片，除了想念好像没有别的事情可以做了。然而，就在这强烈的思念里，阿松发现了一件可怕的事情，那就是他没有落落新家的电话和地址，任何联系方式都没有。也就是说，这对恋人的缘分也许只能终止在此刻了。

“不，或许没那么严重。”阿松心想，落落过段时间肯定会打电话过来的。但是一周、两周……一个月、两个月过去了，阿松心想，看来落落是真的放弃自己了，不然，她怎么会一个电话都不打？他又伤心又生气，狠狠地将闹钟摔到墙上。闹钟啪的一声坏了，掉出一张纸条来。阿松捡起来一看，上面竟写着落落新家的电话！原来，落落上飞机前说的那句话是这个意思！

阿松急忙拿起电话拨打过去，接到电话的落落喜极而泣。原来，这是落落留给他们感情的一个考验，如果阿松听不懂她的那句话，不知道从闹钟里取出这张纸条来联系她，那么落落就会安心国外生活，不再惦记他。幸好阿松无意中“误打误撞”，这对小情侣的感情才得以继续。

也许这是个很浪漫的故事，但我们换个角度来看，如果阿松一辈子都不知道要打开这个闹钟，如果不是阿松心情太激动把闹钟摔了，谁会知道落落说的那句话里隐含着“闹钟里面有我的联系方式”这个意思，这对有情人岂不是差一点就要错过彼此了？

所以，很多时候，爱还是要勇敢地说出来。**爱是一种实际的证明，不被表达的爱，又怎能被称为“爱”？**如果你对他的心是真诚的，那么你就明明白白地告诉他你在乎他，想和他在一起。不要让两个人走太多弯路，也不要让对方等太久。明智的女人懂得恰当地表达感情，从而争取对方的心。

遇到被动的“草食男”，主动出击表明心意

建峰和庆芳早在学生时代就互相爱慕，喜欢彼此了。建峰虽然长相一般，但为人踏实上进；庆芳则苗条漂亮，而且

心地善良。这两个人平时来往很多，可是谁也没有向对方明确表达过自己的爱意。

建峰觉得自己长得不够帅，害怕庆芳不喜欢他，一旦把他暗恋她的事情挑明，庆芳不答应，只怕两个人连朋友都没得做。庆芳则觉得告白应该是男方的事情，不应该由她先说出来。于是，建峰每次看到庆芳，都一副欲言又止的模样，想要告白又害怕丢人。庆芳看他一副没有勇气的样子就很难过，终于两个人渐行渐远。

适逢家里要替建峰相亲，庆芳得知以后，知道自己不能再按兵不动了，于是主动将建峰约了出来。

良辰美景，花好月圆，庆芳伤心地叹了一口气。建峰说："怎么了，你有心事？"庆芳黯然地说道："是啊，而且是女孩家的伤心事。"建峰便问道："什么事让我们的小美人这么伤心？"庆芳说："在我身边啊，有一根木头，他总是不明白我的心。"

"你想让谁明白你的心？"

庆芳叹道："你真是个大傻瓜，就像一根木头一样笨。"

话说到这里，已经不用再继续说下去了，建峰完全明白了庆芳的意思，有情人终成眷属。

庆芳虽然仓促中决定表白，但是很明确又巧妙地表明了自己的心意，让这个因为对外貌没有十足信心，在爱情面前退缩的男人，明白了自己的感情，从而达到了在一起的目的。有些女性即使遇到自己喜欢的男性，也会矜持不前，甚至因为一时羞怯，错失了一生的幸福。其实，若你遇到一个性格同样害羞内向的男生，不妨明确对他做出试探，不要因为害羞而选择退避，使得美丽的恋情还没有开始就结束了。大胆开口，明确让他知道你的感情，才能追逐到属于自己的真爱。

告白要及时，错过的无法重来

健真暗恋公司一位女同事已经很久了，这位女同事名叫媛媛，人如其名，她是一个大方健谈但又惜字如金的女孩。虽然健真自己的条件也不错，还是公司里的小主管，但他还是不敢表明自己的心意。

一天，健真得知媛媛要跳槽到其他公司去。临走前，媛媛托人留给健真一封信。

健真颤抖着手打开信封，只见里面放了一张白纸和一支铅笔，白纸上用铅笔戳破了一个洞。健真激动的心情一下子凉了半截，他丢掉纸，心想：“她一定是想让我看开一些，不要太执着了。”

健真低沉了很长一段时间，才将自己的心情调整过来。两年后，他接到了媛媛的电话，邀请他去参加自己的婚礼。

电话里，媛媛忍不住问道：“我很想问你一个问题，我离开公司的时候，留给你一个信封，你打开看了吗？”

健真回答道：“看了。”

媛媛感到有些奇怪：“那你后来为什么不和我联系呢？”

健真听到这件事有些感伤，说道：“你不是要我看开一些吗？”

“我哪里是要你看开一些？”媛媛打断他的话，“我是要你把心意说破！”

原本情愫暗生的一对男女，就因为这一张意义不明的白纸被拆散了。很多女性都是如此，在表达感情的时候胆怯不已，生怕开口之后被拒绝，从而羞于说出自己的感情，转而用一些意义不太明确的方式希望对方明白。但如果对方无法接收到你的心意，这段感情就永远无法重来了。媛媛如果能把心意明确地表达出来，再勇敢一点，这对有情人也不至于落得一个令人遗憾的结局。

所以，**当你爱上一个人的时候，不妨给自己一个机会，打个电话给他，或者发条短信给他，主动明确地告诉他你的心意。**

也许，你会因此而为自己赢来一份爱情。就算真的被拒绝了，至少你会摆脱那种不说不甘心、说了怕失败的状态。如果一直左右顾虑，担心对方拒绝，担心对方态度冷淡，瞻前顾后，恐怕永远都只能孤单一人。

|会说话的女人最迷人| COMMUNICATION SKILLS MAKE WOMEN CHARMING

- 如果你爱上了一个人，不妨勇敢地说出你的爱。女性也有追求自己幸福的权利，多给自己一个机会。
- 不要担心你的主动追求会让他看轻，你的坦率和敢作敢为，更有可能打动他的心。
- 表达爱意要明确，模棱两可的表达，容易让对方产生误会，反而会阻碍两个人感情的进一步发展。

27.

强势有理，但野蛮霸道就是你不对

爱情就像温室里盛开的花朵，需要精心呵护和培养，才能美丽地盛开。在恋爱中的女性，如果经常对另一半恶语相向，那么爱情的颜色就会渐渐褪去，爱情的花朵也会慢慢凋谢。真正的爱情，需要甜言蜜语灌溉；唯有双方精心呵护，才能健康成长。

一个是巧笑倩兮、温言软语的女性，一个是暴跳如雷、泼妇骂街的女性，如果你是男人，你会选择怎样的女性过日子？想必大家都会选择前者。

爱情是甜言蜜语建构起来的城堡；建立起来以后，更需要精心的维护和及时修补。如果总是耍小脾气，遇到不满的事情就破口大骂，对另一半恶语相向，不仅淑女的形象尽毁，还会一点点地将爱情的小屋拆毁，分手也就近在眼前。

对身边的他多一些赞美，少一些指责；多一些倾听，少一些唠叨；多一些宽容，少一些抱怨。这样一来，才不会让另一半总是处于高压之下，从而毁了爱情。

指责、挑剔——爱情的暗黑破坏元素

提出分手的时候，小惠发现西亚松了一口气。小惠见状问他："是不是觉得终于解脱了？"西亚无奈地看着她，说："你看，你还是老样子。"小惠转身哭着跑掉了，她和西亚在一起已经三年了，如今分手这么果断干脆，她认为西亚早已另有新欢。

西亚在一家建筑公司工作，工作表现很好，薪资很高，但是压力很大，经常加班，有时候回到家已经很晚了。现在小惠很怀疑他说的加班和忙碌，到底是不是真的。

过了几个月，西亚突然打电话给小惠，说自己准备结婚了，想在婚前见她一面。小惠将自己精心打扮了一番，她以为西亚要带自己的未婚妻过去，她可不想输给对方。可是到了饭店，小惠却发现西亚是一个人来的。

西亚没有吃多少东西，但是喝了几杯酒。他对小惠说："小惠，我从来没有和别的女人在一起过，你都不知道我曾经有多爱你。"小惠不理解地问道："那你为什么要和我分手？你还和你的好哥们儿说你受不了我！是我不够辣，还是嫌我的薪水太少？”西亚苦笑一声：“既然这样，那我就和你直说了。我爱你，但是我每天工作那么辛苦，下班回家以后，你只会指责我这个不好，那个不好，称赞别人的男朋友。我心里觉得好难受，慢慢地也觉得疲累了。到最后，疲倦也大于爱恋了。”

由此可见，在感情里，女人不要过度挑剔和责备自己的另一半。男性肩上往往负有重任，在社会上获得其他人认可的同时，更需要爱人的支持和认可。“每一个成功的男人背后，总有一个伟大的女人”，这是不变的道理。

人们常说，女人是靠听觉来谈恋爱的，男人的甜言蜜语总会让女人无法抵御；有时候明明知道是花言巧语，但那些话语还是有着致命的吸引力。所以，**女人也不妨多说一些甜言蜜语，少一些指责和埋怨。**只要方法得当，适度地向你的男人表达爱意，就能够轻易收服他的心。

抱怨是感情的死敌

新力和晴雪在大学时期就开始谈恋爱，毕业后双方工作稳定，终于结为连理。按说这一对新人经历了风风雨雨，好不容易尘埃落定，本应该是幸福甜蜜的一对。可实际情况是，结婚之后的两个人，感情却是每况愈下。

原来，晴雪在结婚以后，变得莫名挑剔。新力洗件衣服，她就在一边指指点点：“你看你衣服怎么洗的，袖口这么脏都不会好好搓搓！连衣服都洗不好，你还能干什么？”新力好不容易下回厨，她还心生不满：“你怎么做的饭，不是太咸就是太淡，让人怎么都吃不下去。”新力和她一起出去办事，她一路上不断唠叨：“你怎么连话都不会说，结结巴巴的别人怎么替你办事！”

新力一开始不想计较，处处忍让，时间久了就开始和晴雪争吵。结果往往是两人大吵一架，然后冷战好几天，谁也不理谁。和好以后，晴雪还是不改自己的抱怨，有一次正在洗碗的新力实在忍无可忍，将所有的碗筷摔到地上，吼道：“那么不开心就离婚算了，吵什么吵！”

晴雪万万没有想到，新力竟然会说出离婚这两个字，她伤心地坐在沙发上哭泣，怎么也想不明白，当初甜蜜恩爱的一对恋人，为什么结婚以后会争吵不断，甚至到了过不下去的地步。

抱怨和唠叨是爱情的死敌。很多女性都会忍不住抱怨，自己的男人不会赚钱、没有钱买房买车、没本事升官发财、不够体贴等。这样的抱怨难免会让对方泄气，然后恶性循环，变得更加平庸。

也许有些女性会认为，抱怨他是因为在乎他、为他好，换作他人，自己还懒得抱怨呢！其实并不是这样。**抱怨是打击男人最可怕的武器。**谁没有半点小毛病呢？你的抱怨将他的小毛病全都放大了，还硬生生地拿到他的眼前，让人厌烦都来不及，何提改正一说？晴雪就是因为太过挑剔，才会在无止境的抱怨中，将自己的老公推离得愈来愈远。多一点宽容和理解，不要在言语上过于苛刻，才不会将爱情破坏殆尽。

勿逞一时口快，对爱造成伤害

小青在咖啡店里哭得很伤心，惠利在一边手忙脚乱地劝她。好一会儿，才知道小青是因为和男朋友杜杜分手了，所以她才这么难过。小青哭够了，向惠利说起了她和杜杜的事情。两个人从大学时期开始谈恋爱，刚毕业的时候，两个人没有工作没有钱，虽然生活很辛苦，但是两个人相亲相爱地咬紧牙关坚持了下来。现在，工作稳定了，到了论及婚嫁的时候，反倒走不下去了。

惠利听到这里，想到了自己的恋爱经验，便问她，是不是这段时间两个人经常吵架，而且谁都不服输，还会在言辞上指责对方。小青想了想，然后点点头，告诉惠利，有时候自己工作累了，想请杜杜帮她做家务，她就大骂杜杜是头懒猪，回到家只知道吃不知道干活。杜杜倒是很容忍她，并没有因此对她说什么过分的话。只是有时候看她邋遢的样子，老说她不像女人，她则用“当初真是瞎了狗眼才会看上他”这种话来回击。

惠利无奈地替她分析，本来有些事情是可以避免的，如果两个人之间有人先退一步，就不会这么严重了。如果一直吵架拌嘴，彼此恶语相向，那么最后肯定会两败俱伤。

感情有时候是很脆弱的，在你一言我一语的相互伤害和指责中，曾经美好的爱情被刺破、摧毁，最终会使得感情走到尽头。而懂得说话的女人，知道不能在言语上太过恶毒地攻击对方，不然很容易造成相互之间的矛盾升级，造成感情的破裂。很多时候，恋人之间的问题都出在两个人为了逞一时之快而对对方口出恶言，事后追悔莫及的还是自己！

爱情需要相互理解，如果只会用言语来伤害和刺激对方，那么这份感情也就没什么指望了。在感情里，最令对方开心的事情，无非是听到伴侣对自己的夸奖；而最令人伤心的事情，无非是听到爱人对自己指责和谩骂。做一个会说话的女人，懂得在爱情里说话的分寸，不该说的话不要说，故意伤害对方的话不要说，遇到事情冷静下来再说话，这样才能保护两个人的爱情。

|会说话的女人最迷人| COMMUNICATION SKILLS MAKE WOMEN CHARMING

- 不要对另一半口出恶言，除非你想破坏这份感情。无端的指责最让人恼火，一不小心就会将爱情焚毁，再也无法弥补。
- 抱怨和唠叨是让对方远离你的可怕武器，试着放下这两件武器，让感情回到初恋时的温馨美妙。
- 恋人之间需要相互理解，只有控制住自己出口伤人的欲望，才能甜甜蜜蜜。

28.

分手平静告别，祝福彼此才是真女人

不是所有的爱情都会开花结果，当爱情走到了终点，双方所能做的，只能是送出祝福，放对方离开。但是有不少女性会因为对对方怀恨在心，从而说出不该说的话，或做出损害对方名誉的事情。其实，两个人毕竟真心相爱过，大大方方祝福对方，才是最有风度的表现。

爱情的结束总会伴随着分手，而分手会给双方都带来不小的伤害，尤其是感性大于理性的女性。分手后的伤痛，会让人失去理智，做出一些冲动的事情。例如，不少女性会肆意诋毁对方，抱着自己不好过也不让对方好过的想法，搞得对方鸡犬不宁。

这样的女性就像是有毒的曼陀罗，她们嘴里随意说出的过分的话，既伤害了对方，也拉低了自己的水平。在他人看来，这样的女人是可悲的，因为她们不懂得此时说出祝福的话，才是对双方关系一个最好的纪念。

相反的，迷人的女人懂得如何和对方完美地告别，说出得体的话，表达真挚的祝福，好聚好散，留给对方一个美丽的背影。

你愿意做哪一种女人呢？

分手快乐，无须诽谤对方

阿莫和森森曾是一对甜蜜的情侣，很多人都很羡慕他们的郎才女貌。但森森和阿莫相处一段时间后，觉得这个女孩可能和自己不太合适。她个性自私，总是以自己为中心，而且占有欲极强。有时自己和别的女孩说几句话，她一发现就会大吵大闹，一哭二闹三上吊。森森请她不要这么任性，可她却说这是因为她爱他，还指责他不够在乎自己，不爱自己。

森森感到非常无奈，终于提出了分手。阿莫以为他只是在开玩笑，但是看着森森冷静的眼神，她知道一切都结束了。

但是令森森没有想到的是，事情到这里并没有结束。阿莫和他分手后，四处说他的坏话，说他好吃懒做、不负责任，把她当成佣人，还百般挑剔。森森并没有理会，以为不理她，她就会自觉没趣了。半年后，森森交了个新女朋友，没想到过了几天女朋友就提出分手。森森问她为什么，她说:“你以前害一个女孩为你堕胎三次，最后人家不能怀孕了，你就甩了人家，这事情是不是真的?”

森森一下子就明白了，这是阿莫搞的鬼。他跟女朋友解释以后，女朋友选择了相信他，而森森只是很庆幸自己离开了这个心胸狭隘的女人。

既然曾经相爱过，分手后就不要再去伤害对方了。因为分手这件事情本身，对双方都有不小的伤害，都会留下疼痛的伤疤。正因如此，才应该**把自己最好的一面展现给对方，而不是想尽办法恶言诽谤，去打扰对方的新生活。**这样做无非是留给对方一个无理取闹的印象，让对方坚定了离开你的想法而已。

不要在分手后把怨恨表现出来。即使两个人无法再做朋友，在偶尔遇见的时候，简短地问候一下对方，或者礼貌地微笑一下，并不会对双方造成困扰。分手时，让对方看到你的宽容和大度，看到你真诚地祝福他，才会让人怀念。这样的女性，也才会拥有属于自己的幸福——那些执着于打击报复的女人，永远不会拥有幸福。

封存旧恋情，不用多说多问

莫愁和男友阿强经历了一年的拉锯战后，终于还是决定分手了。她为阿强付出了三年青春，现在落得个什么也没有的结果，她真的觉得心有不甘。但是反过来想想，阿强也为她付出了很多心血，其实谁也没有欠谁。说到底，两个人只是因为都想留在自己的家乡，不愿意搬去对方的城市，所以才黯然分手。

很久之后，莫愁听说阿强有了新的女朋友。她发现自己还是喜欢阿强，于是开始找借口去阿强的城市，每次去都要阿强出来陪她。即使是凌晨三点的火车，她也要阿强出来接她，不然就接二连三地打电话，弄得阿强睡都睡不好。

阿强很无奈，告诉莫愁不要再这么任性了。于是，莫愁不来看阿强了，但是每天晚上都打电话给阿强，只要阿强不接她就一直打；阿强如果关机，她就拼命发信息。阿强没有办法，他告诉莫愁，看在两个人曾经的情分上，他可以去火车站接她。可是每次都放下和女朋友的约会过来接她，被她这样打扰，又有什么好处呢？他已经开始了新的生活，不想被过去的事物牵绊了。

终于，莫愁告诉他，自己反悔了，想要继续和他在一起，她愿意搬去阿强所在的城市。可是阿强说，分手后她说的话、做的事已经深深地伤害到了他，他已经不愿意和她在一起了。

无论怎样，**分手了，一切就成了过去式，再也没有必要去深究是谁的错，更不要因为自己对对方还没有死心，就去打扰对方的新生活。**分手后，就不用再过度关心对方的生活好不好了。如果他过得好，你难道不会嫉妒？当你看到他的新欢，难道心里不会酸楚？如果对方过得不好，你难道不会担心？就算两个人没了感情，但是过去的旧情还在，你能坦然面对他的失意吗？

既然已经分手了，唯一能做的，就是将旧的恋情封存起来，去迎接新的人和生活。迷人的女人，不会选择一次次回头，向对方诉说曾经的美好；不会说一些会影响到对方新生活的话。这样的女人才值得回味，在拥有自己新恋情的时候，才能放开去爱。

不要吝惜分手后的祝福

萧萧和敏儿分手后很久，敏儿还在留恋旧情，她不相信曾经那么宠爱她的萧萧会如此狠心。她看到 QQ 上还有萧萧亮着的头像，知道他在工作，就像以前一样，只是他的身边已经没有她了。敏儿忍不住发信息给萧萧，嘘寒问暖。萧萧虽然也回答了她的问题，两个人的语气却客气得像陌生人，但又暗含情愫。终于有一天，敏儿忍不住在QQ上对萧萧说:“我想你。”

萧萧静默了很久，告诉她，两人经历了这么多年的感情，他不想因为分手就恩断义绝，但是他们确实不能继续在一起了。如果敏儿还是忘不了他，那么他们还是不要再联系了。敏儿想了很久，觉得他说的确实也对，自己应该放开了，毕竟她无法告别这段失败的感情，就无法开始新的人生。敏儿在电脑屏幕旁边，一边哭一边打字:“那我们还是不要再联系了，希望你以后会遇到更合适的女孩。这么多年谢谢你对我的包容，谢谢你给我的爱，以后希望你能过得更好。”

萧萧看到敏儿的留言，想起过往的一幕幕甜蜜和温馨，正在留恋之间，却发现敏儿已经下线了。这一瞬间，他有一点后悔——失去了一个这么善良体贴的女孩。

爱情需要真挚的祝福才会更加美丽。如果双方曾经有过一段美好的经历，都付出过最纯真的感情，但是因为种种原因，无法走到最后，那么在离开的时候，就一定要记得将自己的祝福送给他，送给自己曾经深爱过的那个人。毕竟，他曾带给你快乐，陪你走过一段旅途。你也应当祝福他在未来的旅途上，能够愈爱愈幸福。

在爱情走到终点后，不要歇斯底里，不要大哭大闹。淡淡地对他说出你的祝福，这样就足够了。**虽然分手避免不了伤心和难过，但是当你学会用真挚的语言来告别一段感情，你就不会再后悔。**

|会说话的女人最迷人| COMMUNICATION SKILLS MAKE WOMEN CHARMING

- 分手时要干净利落，不要说出刺耳的话去伤害对方，也不要在背后到处散布谣言诬蔑对方。给对方留下你最后的宽容，才是迷人女性的作为。
- 不要以还在爱他为借口，去打扰他的新生活。你也应该开始自己的崭新人生。
- 分手时，大大方方祝福对方，并感谢对方带给你的快乐。

29.

大方说恩爱，闪到旁人睁不开双眼

蒙娜丽莎的微笑之所以让人觉得无比恬静和美丽，就是因为她含蓄的笑容里充满着温情和爱。含蓄是一种令人着迷的美，它没有过度的喧哗，也没有纷乱及吵闹，能够让人感受到沉静。含蓄说话，含蓄表达，让自己的感情更加有韵味，就能使对方更加为你意乱情迷。

有些女人的爱是含蓄的，面对喜欢的男人，喜欢欲擒故纵；有时就算自己真的喜欢他，也会装出满不在乎的样子。也许有些女人不会说甜言蜜语，不会直接地表达自己的感情，但她们的爱并不比其他人少。

勇于直白表达感情的女性，像是香味浓烈的玫瑰花，让人觉得奔放自如；而含蓄表达感情的女性，就像是香味悠远的月桂花，给人一种小家碧玉的感觉，更加有韵味。

如果你无法直白地对男性表达感情，那么不妨做个含蓄的女人！含蓄的女人说话更容易引起对方的好奇，更容易让对方在你精心布置的话语里迷路，最后为你所获。

含羞草告白，锁定 Mr. Right

小婷喜欢高大帅气的建豪好久了，有一次两人见面的时候，小婷故意在建豪面前唉声叹气。建豪感到奇怪，问她到底怎么了。小婷心里一喜，等的就是这句话！然后她表现得更加郁闷。

建豪一直很担心地问她怎么了，小婷故作犹豫地告诉他，说她发现自己喜欢上一个男生，最近想要对他表白，可是她不清楚对方是不是也对她有意思。建豪心里顿生涟漪，其实他早就深深地喜欢上了小婷，还打算过段时间情人节到了，就向她表白。没想到……他压抑住自己的失望，询问小婷是不是真的很喜欢那个男生。

小婷毫不犹豫地点点头，告诉他自己真的很喜欢那个男生，也真的很害怕对方会拒绝她。她说："建豪，要不然，我把那个男孩的照片给你，你帮我看一下？"建豪点点头，接过小婷递给他的一个盒子。小婷请他回到家以后再看，不然自己会不好意思的。看着小婷脸红红的样子，建豪觉得心里难过极了。他拿着盒子回到家，迫不及待地打开，想要看看自己情敌的模样。

盒子打开了，看到盒子里面的时候，建豪愣住了，转而哭笑不得。原来，盒子里面是一面镜子，打开以后刚好映出了自己的脸庞。建豪再也不想犹豫了，也不想再等什么情人节了，马上拿出手机打电话给小婷……

这是一种多么可爱的试探和表达，小婷隐瞒自己喜欢的人是建豪，先引起建豪的好奇和紧张。处于这种情绪下的建豪，一定会迅速打开那个盒子，等看到盒子中的镜子，便会明白一切。这样一来，就让建豪的心情有了一个跌宕起伏的过程，并在这个过程中加深了对小婷的感情。

其实含蓄表达感情的方式还有很多，例如，你可以对他说:“我昨晚做了个梦，梦见了一个人……很奇怪那个人怎么愈看愈像你。”这样的小心思既可爱又含蓄。如果你觉得你喜欢对方，而对方也不讨厌你，就不妨试试看这种含蓄的表达。如果对方碰巧也喜欢你，那么自然会成就一段佳话；如果对方对你没意思，那么这样含蓄的方式，也不会造成两个人往后的尴尬。

Chapter

3

爱不要太直白，才会有美感

美露是一个漂亮的女孩，因为长相不错，所以挑选男朋友时的眼光也特别苛刻，要求对方有郭富城般的长相，否则就不予考虑。这么一来，眼看美露已经步入三十岁了，还没有男朋友。

这天，美露经人介绍，认识了一位风度翩翩的青年，人长得帅，又有绅士风度。美露一见倾心，觉得这就是自己的真爱。然而自己毕竟青春不再了，美露唯恐失去自己的意中人，于是急急忙忙地向对方表达了自己的爱慕之情，并且每天都发送一条肉麻的短信，每次见面都会热切地跟对方说自己真的很喜欢他，希望和他结婚。

可想而知，青年以为美露有什么不可告人的秘密，所以才这么心急如焚地想要结婚。在美露狂热的爱情攻势下，青年小心翼翼地找了个借口，不再理会美露。

有些女性喜欢用狂热露骨的语言，直言不讳地向恋人表达自己的感情；这样直白的方式，缺乏一种含蓄内敛的美，稍微过度就会引起对方的反感，最后弄得事与愿违。如果美露不要这么心急，婉转一点，让自己爱情的柳枝悄悄地萌发出新芽，可能结局就不会令双方这么尴尬了。

爱情的朦胧美，才会让人心醉。若是将爱慕之情吐露无遗，反倒会让爱情索然无味。含蓄地表达自己的情感，更有机会让对方为你沉迷和倾倒。懂得说话的女性，会使用含蓄的语言，向对方表明自己的心意。她们的表白很有弹性，不会导致一旦对方回绝，就再也没有余地挽回的糟糕结果。而且，含蓄表达有其必要性，它不会令对方认为你那么心急是有什么事情瞒着自己，从而对你产生怀疑，并因此埋葬了恋情。

因而，在尚未确定关系的交往阶段，不管是交谈，还是发短信，在向对方表达爱慕之心的时候，态度都要自然、诚恳，语言也要恰如其分，不要故作嗲态，甚至污言秽语，更不要动辄发誓，才更耐人寻味。

该说的爱情关键词，不需要含蓄

振宏喜欢上一个名叫知知的女孩，于是决定追求她。他在发给知知的第一条短信的末尾说，自己会连续一百天发送短信给她。当振宏将短信发出去的时候，他惊喜地发现，知知居然回复了。她会说什么呢？振宏怀着激动的心情打开了短信，可是他看到的只是一片空白。

振宏有些失落，不过并没有气馁，连续不断地每天早上发送一条短信，关心知知有没有多穿衣服，有没有好好吃饭。可是知知的回复，始终都是一条空白的短信。振宏愈来愈气馁，以为知知不喜欢他。

到了第一百天，他犹豫了很久，都没有勇气把短信发送出去。原本最后一条短信他想说的是：“我很爱你，和我在一起吧！”但最后被他删除了。

几年后，振宏交了女朋友，而知知也已经嫁为人妻。在一次偶然见面的时候，知知欲言又止，终于问他，当年的短信，为什么没有发送到第一百条。原来，知知已经写好了最后一条短信，只等着振宏把第一百条短信发送过来，就答应两个人在一起。

振宏听了有一些惆怅，因为他删除了自己的最后一条短信，并将这段遗憾的感情尘封了起来。他不知道这是谁的错，只知道曾经相互喜欢的两个人，就这么硬生生地错过了。

如果振宏再勇敢一点，发出最后一条短信，或者直接说出自己的爱；如果知知不那么矜持，在振宏不再发给她短信的时候，主动发出最后的邀请，那么这个故事，一定会是个皆大欢喜的甜蜜结局。这份珍贵的爱情，也就不会成为往事。

爱情可以含蓄表达，但是如果让爱情太过含蓄，在最需要表白的时候太过犹豫，那么这一错过就有可能是一生。就算以后遇到了不错的对象，拥有了属于自己的婚姻，但这一段遗憾的感情，将始终埋在心底的某个角落。

很多女性在表达感情时，总是太过含蓄；在接受他人追求的时候，又太过犹豫。在爱情开始萌芽的阶段，就算不直接告诉对方自己的心意，也可以在言语上稍微给对方一点鼓励与支持，让对方有勇气迈出那关键的最后一步。

|会说话的女人最迷人| COMMUNICATION SKILLS MAKE WOMEN CHARMING

- 通过含蓄的方式，向对方表达你的爱意，会让对方更加珍惜你，更能看到你的聪慧和可爱。
- 遇到真正喜欢的人时，不要太着急，否则对方会怀疑你的初衷。爱情始终都是朦胧最美，太过主动说爱的女性，反而会失去魅力。
- 该说爱的时候，就该大声说出来。这样才不会因为太过含蓄，而错失真爱。

30.

好男人都是说谎“骗”来的

恋人之间，最重要的就是真诚，爱情里不容许有一点点的欺骗和虚伪。但是，在一些特殊情况下，适度的谎言才能保护爱情。如果每件事都要如实告诉对方，每句话都是实实在在的不掺假，那么这样的感情也真实得太过了！

对自己的爱人不说真话，好不好？

也许很多人会认为不好，认为在爱情里不说真话，隐瞒一些事实，是很过分、令人生气的举动。但是，回想一下我们在爱情的经历里，谁不曾用谎言逗对方开心，谁不曾报喜不报忧？

当对方问你：“我买的这件衣服怎样？”若你直言不讳地回答他：“太难看了，真丑。”这样是不是会伤害到对方？如果你说：“还不错，比上次挑的有进步。”是不是就比较温和，更能让对方接受？

所以，有时候虽然我们对对方撒了谎，但这并不会影响到双方的感情，反而能让彼此的感情更好。

懂得说话的女性，不一定只说真话，但她们说出来的话，一定是会让对方觉得舒服的话。唯有这样，两个人的感情才能长长久久。

善意的谎言，能赢得一生的爱恋

小伟和美妍初次约会，是在一家咖喱餐厅。那时候的小伟年轻帅气，爱慕他的人很多。所以，当他邀请美妍吃晚餐的时候，她有些受宠若惊，但还是欣然答应了。

刚开始，两个人之间有些尴尬，毕竟第一次一起出来吃饭，都不知道要聊些什么好。当服务生将咖喱饭端上来的时候，美妍脱口而出："麻烦您拿点黑胡椒过来好吗？我吃咖喱饭习惯放点黑胡椒。"她的脸有点红，感到不好意思。服务生马上将黑胡椒拿来了，她倒了点在咖喱饭里，慢慢搅拌，仔细品尝。他问道："你为什么会喜欢在咖喱饭里放黑胡椒呢？"她说："这是我老妈的味道，她煮咖喱饭总是喜欢放黑胡椒，所以我在外面吃咖喱饭也是这样，能够感受到家的温暖。"

两个人的话题就这样打开了，相谈甚欢。谈到最后，美妍发现，小伟是一个值得托付终身的好男人；而小伟也从她对家乡的思恋中，感受到她的恋家顾家。后来每当吃咖喱饭的时候，他都会交代服务生一句：“麻烦拿点黑胡椒过来，我老婆喜欢这个味道。”

之后的两个人，一直过着幸福的生活，直到美妍先小伟而去。美妍离世之后，她的好朋友替她给小伟送来一封信，上面说，其实自己一直都不喜欢放黑胡椒的咖喱饭，一切都是因为第一次见面的时候，自己很紧张，为了分散注意力，所以胡乱说了那句话。

小伟读完信后，很想对美妍说：“我很高兴，有人能够这样骗我一辈子！”

为了一次约会，撒了一辈子的谎，吃了一辈子的黑胡椒咖喱饭。那是什么味道，想必只有主角才会知道。但是，他们两个人是如此享受谎言的味道。在恋爱中就是这样，有时候说真话，反而会令对方尴尬或难以接受。**只要你是认真为对方着想，就算说点小谎，也无伤大雅。**

适时地撒谎，让爱情更生色

心心的公司组织员工旅游。出发前，老公小刚交代她，因为刚好下个月他们要回老家，所以请她带一些特产回来，心心满口答应。结果到了旅游景点，心心又是和同事游山玩水，又是观赏古迹，要不然就是放空自己好好休息，把小刚交代的事忘得一干二净。

直到坐上游览车的时候，心心才突然想起来，还有这件事没有完成！可是已经来不及了。于是，她只好到家附近的商场买了一些礼物。回到家以后，心心没有跟小刚说实话，只是撒娇说道："老公，你平时早出晚归的，辛辛苦苦工作，都是为了这个家。我知道你很上进，工作也很认真。你老说我出门爱乱买东西，所以这次我去商场挑了一些实用的东西，这下子爸妈肯定不会再说我们乱花钱了。你来看看，这些爸妈应该会喜欢吧？"

小刚听到心心温柔的话语，心里很感动，觉得她变懂事了，学会为自己和爸妈考虑了。然后，两个人开开心心地一起出门吃饭。

如果心心以实相告，告诉小刚自己忘记了他交代的事情，到家才想起来，东西也不是当地特产，而是在家附近的商场挑选的，结果肯定不会这么愉快。虽然不至于影响两个人的感情，但是小刚心里肯定会产生些许不悦。

所以，**在爱情里，如果对每一件事都如实相告，那么原**

本和睦的关系，就有可能出现裂缝。我们经常说，在爱情里要真诚，但真诚是为了维护爱情的甜蜜和滋润。如果撒个小谎可以为爱情增色，又何乐而不为呢？在不影响大局的小事上，适时撒撒谎，营造一个温馨的气氛，也不算是坏事。

需要留意的是，说点小谎，并不是要你满嘴胡言地去欺骗对方，那样就是招摇撞骗，而不是真挚的情感了。只有最甜蜜的谎言，才能浇灌最真诚的情感，才能够成为爱情里不可或缺的调味剂。

为对方着想而说谎，使爱情更芬芳

祖安的生日快到了，男朋友炎炎大老远跑过来替她过生日。见到祖安，炎炎得意扬扬地拿出一个包装精美的礼物，说是送给她的生日礼物，是自己跑了好几家商店，精挑细选才选到的。

祖安打开包装一看，是一条丝巾。虽然质地很不错，但是颜色太过花俏，显得太过艳丽，她并不喜欢这种颜色。但是看着炎炎希望得到她赞赏的热切眼神，祖安把丝巾展开，端详了一番，然后系到自己的脖子上，开心地说道：“这条丝巾好时尚，颜色也好看，你的眼光真不错，是不是花了不少钱啊？只要天一冷，我就会系上它，这样我就可以每天想到你。”

炎炎听到这样的夸奖，一把搂过祖安，出门一起庆祝生日去了。

暂且不管祖安日后会不会经常系这条丝巾，试想，如果祖安实话实说，明确地告诉对方，她很不喜欢这个颜色，所以不想系这条丝巾，结果会怎样？肯定会给正在兴头上的炎炎浇下一盆冷水，而且否定了炎炎辛苦为她挑选礼物的努力。这样一来，两个人之间就容易产生矛盾。恋人若是在生日当天发生争吵，可不是一件值得开心的事。

谎言并不意味着欺骗对方。如果谎言是为了增加爱情的甜蜜，那又有何不可？**在两人世界里，善意地说谎并不是为了遮掩什么，而是为了营造爱情的甜蜜氛围。**很多时候，爱情里的谎言，就等同于小小的情话，往往蕴含着人性最善良的一面，而且夹杂着信任和关怀，能够替爱情注入新的润滑剂。从某些方面来讲，善意的谎言更是对对方的在乎，否则，谁会为了你而用心良苦地编造谎言？

恋爱中的两个人，偶尔也会需要善意的谎言来做润滑剂。当真情的告白可能造成伤害的时候，不妨选择使用善意的谎言，来替爱情长久地保鲜！

Chapter
3

|会说话的女人最迷人| COMMUNICATION SKILLS MAKE WOMEN CHARMING

- 在爱情里，百分百地坦诚相见，并不是最好的方式。适度地说些谎话，更能促进爱的交流。
- 善意的谎言不是欺骗，而是包含着信任和关怀的爱。当你发现说真话会令对方生气的时候，不妨用善意的谎言掩盖过去吧!
- 如果事事都说真话，那么爱情里就没有什么甜蜜可言了，也无法保证爱情新鲜不褪色。

家庭幸福美满的说话术

Chapter 4

会说话的女人，懂得呵护自己的家庭。“母老虎”人人敬而远之。试想，哪个男人不喜欢自己家中有个充满智慧的女人呢？懂得说话的女人，才能拥有和睦的家庭。

31.

拒用唠叨对男人说教，免得破坏形象

有些女人，一件小事都可以唠唠叨叨没完没了，让人心烦不已。唠叨会让女人的美丽和可爱打折。每个女人都想被老公宠爱一生一世，都想成为周围人钦羡的对象。其实做个好女人不难，只需要管住自己的嘴巴，别让絮絮叨叨破坏了你的形象。

你有没有见过这样的女人，只要一张口，丈夫便会怒气冲冲："你闭嘴，我不想听你说话！"

你有没有见过这样的女人，她们有着美丽的容貌，穿着优雅，但是只要一开口，所有的美丽便荡然无存。

你有没有见过这样的女人，本来她们想要表达对孩子的关爱，可是刚一开口，孩子便不耐烦地说道："妈，能不能别再重复了，你都说几百遍了，听得我耳朵都长茧子了！"

这时候，女人总会很无奈地说一句："为什么所有的人都不理解我呢？我不过是想关心他们，想让他们过得更好而已！”

其实，这样的结果并不是别人造成的，根源还在自己。没有人喜欢唠叨的女人，唠叨只会让你的婚姻和幸福走向坟墓。

唠叨的女人惹人厌

小欣长得很漂亮，举止优雅，凡是见过她的人都会被她深深地吸引。可是，经过一段时间的相处后，大家就不愿意再和小欣来往了，因为她实在太唠叨了。

小欣的好朋友说：“小欣人还不错，可就是太唠叨了。每次接到她的电话，没有一个半小时她是不会放下电话的。她的老公和孩子，家里鸡毛蒜皮的小事，甚至是陈年旧事，她也可以讲半个小时。我不忙的时候还能陪她聊聊，安慰安慰她，可是谁有那么多时间天天听她讲这些啊！所以我现在特别害怕接到她的电话。”

不仅小欣的好朋友，小欣的邻居平时见到她，根本都不敢和她打招呼。因为小欣不管见到谁，都会和人家闲扯很长一段时间，她会告诉别人今天她买了什么东西、做了什么菜……她的邻居碍于情面，都不好意思当面拒绝她，所以大家只能选择躲避。

就连小欣的老公和孩子，也都受不了她的坏毛病——整天因为一些鸡毛蒜皮的小事和家人唠叨个没完。老公甚至很无奈地说："早知道结婚后她是这个样子，我是不会娶她的！"

其实小欣是很可悲的，一个漂亮而优雅的女人，原本应该充满魅力，可是就因为太过唠叨，所有的人都对她"怕"而远之。

爱唠叨的女人，总爱围绕自身，将话题一个又一个地重复下去，好像她们的话在心里憋了很久，无处诉说一样。

爱唠叨的女人，很少顾及别人的感受。她们才不管别人对她们的话题是否感兴趣；不管你是不是有充裕的时间，去听她们说那些无关痛痒的话；也不管你是不是愿意听她们说她们内心的不满与不痛快，她们只管没完没了地说下去，直到你忍无可忍，她们才会无奈地说一句："我怎么那么不受欢迎呢？"

爱唠叨的女人，会亲手毁掉家的温暖。因为她们总是无缘无故地抱怨和指责家人，把自己的坏情绪毫无理由地传染给家人，让家人得不到片刻宁静。这样的家庭，怎么会有快乐可言呢？

换个方式说话，让另一半不再气得跳脚

帕拉和丈夫结婚后，两人的生活温馨而甜蜜。每天丈夫去上班，帕拉在家里洗衣、做饭、打理家务，全心全意地为家庭付出。

婚后两年，两人的儿子诞生了，给这个小家庭带来了无限欣喜。然而，麻烦事也愈来愈多。自从儿子诞生后，帕拉便更忙了，除了做家务，还要一个人带孩子，之前优雅的生活状态再也回不来了。帕拉觉得自己很累，一天到晚都有做不完的事情。

这天老公下班回家，刚脱下袜子，帕拉便怒从心中来，生气地说道："你不知道把你的臭袜子扔进洗衣机里面吗？知不知道我每天要洗多少东西？"

类似这样的情况愈来愈多。她经常指责老公不体谅自己的辛苦，不帮忙做家务。老公渐渐受不了她的坏脾气，回家时间愈来愈晚。帕拉终于意识到了问题的严重性。

帕拉反思过后，终于发现问题出在自己身上。于是，她开始改变自己。她尽量让自己的语气柔和；如果想让老公帮

忙，她会温柔地说："亲爱的，你可以帮帮我吗？我现在没有时间……"若是以前，她常说的是："你又在那边玩游戏，不知道过来帮帮我吗？知不知道我有多累？！"

帕拉的转变让丈夫感动不已，不仅下班按时回家，而且回到家里还会主动帮帕拉带孩子、做家务。

现代女性工作忙，生活压力大，需要向人倾吐自己内心的无助，这本来无可厚非。但是**唠叨过了头，便会让自己成为怨妇。**

为什么不换一种方式来发泄自己的不满呢？同样的意思，若用不同的方式表达出来，便能达到不一样的效果。没有人会愿意听别人整日没完没了地大吐苦水，何不把自己的意思，换一种方式向别人表达？这样会更讨人喜欢。

别因为唠叨让家人处于沉闷的气氛中

万里晴空，杰克准备带全家人一起去乘船游玩。

杰克的心情很好，一路上不停地哼着小曲。这时候，他的妻子珍妮说："我们的邻居彼得好像又买了一辆新车，我还没看到，不过听别人说他的车漂亮极了。彼得是个穷光蛋，你说他从哪里弄的钱呢，会不会是偷的？天啊，如果我们的邻居是小偷，我可要去告诉警察！”

杰克不屑一顾地说：“你怎么知道人家有没有偷钱？又怎么知道那车一定是彼得自己的？他跟我说过，那车是他表舅的。”

“什么，他表舅？那个长得很丑的老头？哦，我从来没有见过长得那么丑的人，他简直比怪物还要怪！”

杰克的好心情，一下子就被珍妮破坏了。这女人还是老毛病，总爱唠叨个没完。杰克沉着脸没有说话。珍妮见状，也不高兴了，于是嚷嚷道：“怎么，你又嫌我烦了是不是？在家里是这样，出来还是这样，你是不是不喜欢我了？还是你在外面有了其他女人？”

杰克还是没有说话，他的心脏已经快要负荷不了了。现在，他只想找个地方清静清静。

珍妮没有等到杰克的答案，于是便大声嚷嚷：“老天，难道你真的喜欢上别人了吗？我和女儿要怎么过啊？想当初你是多么爱我啊，我又没做过对不起你的事，为什么要这样对我？早知道这样，我当初还不如嫁给那个笨蛋卡特！”

“是啊，我真为卡特感到庆幸，幸好他没有娶你，不然他早就被你烦死了！”杰克说完猛地把车停在了路边，自己打开车门，扬长而去。

Chapter

4

唠叨的女人惹人厌烦。有时候，女人唠叨的本意是好的，或许是善意提醒，或许是因为爱恋和关心。但是不管怎样，**唠叨都是最糟糕的解决问题的方式。**让自己远离唠叨，才能让家庭气氛更加和谐。

|会说话的女人最迷人| COMMUNICATION SKILLS MAKE WOMEN CHARMING

- 女人的美丽不在于外貌、服饰，而在于修养和品行，唠叨是破坏女人美丽的第一杀手。
- 爱唠叨的女人，多半是日常生活中过于闲散的人，因为只有她们才有足够的时间，关注生活中琐碎的事情。
- 开口前先思考自己说出的话是不是有价值。如果毫无意义，那么最好不要开口。

32. 以礼相待，夫妻会更加相爱

婚姻中，夫妻关系是一种很奇妙的关系，有时坚如磐石，有时脆弱如纸。一个懂得说话的女人，是一个良好的管理者，能让婚姻关系更加稳固和谐。俗话说："良言一句三冬暖，恶语伤人六月寒。"说话是一门艺术，在丈夫面前不要失去礼数；即使是亲密的爱人，也要学会以礼相待。

夫妻关系是世界上最有趣的关系。有时候亲密得像连体婴，有时候又疏远得像陌生人。有时候像冤家，打打闹闹、争吵个不停；更多时候是亲人，相濡以沫，携手走完漫漫长路。

"我能想到最浪漫的事，就是和你一起慢慢变老，直到我们老得哪儿也去不了，你还依然把我当成手心里的宝。"这首歌之所以让人感动，是因为它唱出了每对夫妻的心声。是啊，谁不想和心爱的人一起变老，一起走完这漫漫的风雨人生呢？但事实上，有很多夫妻才刚走到半路，就已经形同陌路。他们会说："我和他没有共同的话题，我们说不下去……""跟他讲话，简直像对牛弹琴……"难道，夫妻之间就不用注重沟通的技巧吗？其实不然。

夫妻之间，礼貌用语少不了

美慧和老公结婚七年了，但是两人依旧和刚结婚时一样温馨甜蜜，让美慧许多朋友和同事都钦羡不已。每当别人问起她婚姻幸福的秘诀，美慧总会微笑着回答："很简单，把他当作自己的朋友，礼貌相待就好了。"别人不解，于是，美慧跟大家说起了刚结婚时的一件事。

有一天，老公下班晚了，美慧很生气，大声责问："怎么那么晚才回来？"

老公也不甘示弱："我的事不需要你管！"

美慧还想发作，但极力忍住了。

那天夜里，美慧躺在床上辗转反侧。刚结婚就这样，以后漫长的几十年怎么过！

第二天早上，美慧刚进公司，就给老公发了一条短信："亲爱的，对不起，昨晚是我不好，你那么累，我却没有好好照顾你，反而去责问你，是我不好！”

令美慧没有想到的是，没过多久，老公便回了短信：“该说对不起的人是我……”

美慧看到老公的短信如释重负。谁说夫妻之间不用互相尊重呢？

从此以后，美慧在老公面前再也不会乱发脾气。当老公提早下班帮她做家务，她会撒娇地说：“谢谢老公！”而当美慧工作忙碌，没有时间做晚餐的时候，总不忘跟老公说一句：“对不起！”逢年过节老公送礼物给美慧，她总是会说：“老公你真好，嫁给你是我最大的幸福！”

老公在美慧的影响下，也学会了夫妻之间说话的礼貌。就这样，两人一直过着甜蜜的生活。

在生活中，我们和朋友相处懂得礼貌，夫妻相处更应该如此。夫妻关系的好坏，是家庭幸福与否的关键。有些人认为，既然两人已经结婚了，说话再客客气气、小心翼翼，跟外人有什么区别？事实上，别小看这些小小的礼貌用语，它们是婚姻的润滑剂。**在对方的眼里，一个简单的礼貌用语，代表着你对他的肯定与尊重。**两个人互相尊重、相濡以沫，同甘苦、共患难，这样的家庭怎能不恩爱和谐呢？

Chapter

4

相敬如宾，而非相敬如“冰”

兰子是一位心理医生，有一天，诊所里来了一位女士。

这位女士姿态优雅，穿着华贵，但是眉宇间却有难以掩饰的忧愁。这位女士坐下后便开口说道：“医生，我和我老公之间不知道到底出了什么问题，我们之间彼此尊重，但好像根本没有话题。我想跟他说点心事，可是，他总说我闲得没事做。我工作烦了、累了，找他诉苦，他就说我娇气，不懂得处理人际关系。而他也是把什么事都放在心里，从来不说心事，以至于现在，我俩只要一开口，就吵个没完没了。我们曾经多么恩爱啊，现在怎么成了这样呢？”

从医多年，兰子遇到过很多类似的情况，大都是因为夫妻之间无法交流与沟通，引起了夫妻关系的紧张。

兰子说：“这样的情况，是因为夫妻之间缺乏有效的沟通与交流，双方之间忘记了理解与尊重。交流并不是一个人的事，要在双方共同努力的前提下才能进行。要知道，**对方是要和你共度一生的人，心里的话你不告诉他，要告诉谁呢？**两人从认识到结婚，从原本陌生的个体走到一起，少不了磨合；结婚后的漫漫长路，更少不了磕磕撞撞。如果不懂得把问题说出来，怎么能让双方走进彼此心里呢？”

兰子说得没错，夫妻之间的感情如何，很大程度上取决于两人的交流与沟通。同处一个屋檐下的夫妻，要同时注重礼貌和理解，才能维持感情。所谓的礼貌，并不只是说两个人凡事都要彬彬有礼，而是要懂得尊重对方内心的想法。当丈夫向你倾诉内心的软弱与无力时，不去挖苦和嘲笑对方；当丈夫做错了事情时，不恶语相待。所谓的理解，就是要深入对方的内心世界，了解对方的真实个性和处世观念。就算双方的观念和意见不同，也不要任性争吵；不能一概否定对方，而要懂得包容和彼此理解。除此之外，夫妻双方要相互关心，不仅指生活层面，还包括内心层面。这样，夫妻双方才不至于没有共同语言。

吵嘴但不吵架，成就美满婚姻

电视台录制《幸福的秘诀》节目，张爷爷和张奶奶应邀来到现场。

当他们出现时，现场所有嘉宾都被感动了。淡蓝色的灯光下，两人携手步履蹒跚地走上舞台，尤其是那满头银白的头发，让现场许多嘉宾感到震撼。

主持人问：“五十年的金婚是很多人都很向往的，我相信这是你们呕心沥血努力而来的。可以告诉我们，你们幸福的秘诀是什么吗？”

张奶奶不善言谈，于是张爷爷开口说道：“其实也没什么，少吵架就好了。我们结婚几十年了，也见过身边不少吵吵闹闹的夫妻，有的是愈吵愈好，而有的却成为陌路。所以我就和老婆约定，我们可以吵嘴，但绝对不吵架！”

“不吵架？这怎么可能呢！两个人在一起生活，总难免会有意见不合的时候。你们是怎么办到的？”主持人问。

“男人和女人，就像火星人和水星人，思维、习惯、语言都不相同，不可能一夜之间就能融合为一体。我年轻时脾气急，做事易冲动，老爱发脾气，可是老伴从来都不跟我计较，说话客客气气，温言软语，很少见她跟我生气，对我就像是对待自己多年的知心好友，照顾我，关心我。久而久之我被她影响了，所以约定**只可以吵嘴，不许吵架。前者是将冲突由大化小，戏谑之中淡化问题；后者是将冲突愈演愈烈，争个你死我活。**在我们家，后者不曾发生过。”

张爷爷说完后，台下沉默了一阵，随后全场掌声雷动。

男人和女人的思维方式从根本上就不同，所以很难真正融合在一起。很多女人都深有体会，老公下班后回到家里，不是对着电脑玩游戏，就是看电视。有的妻子看到这种情况，总是喋喋不休：“我上班那么累，回家还要照顾长辈和孩子。你倒好，回来什么都不用干，真把自己当太岁爷了！”可是，做妻子的有没有想过，或许老公上班太累，遇到了心烦的事，正在转移注意力呢！

聪明的女人，从来不会让自己成为战争的导火线。学习在婚姻中，只可以吵嘴，不可以吵架！

| 会说话的女人最迷人 | COMMUNICATION SKILLS MAKE WOMEN CHARMING

- 夫妻关系是一种既复杂又微妙的关系，有时候牢固，有时候脆弱，需要双方做好沟通和交流。
- 夫妻之间，最大的艺术莫过于和对方以礼相待，却又感情深厚，互为一体。
- 以礼相待并不难，只要你愿意为他付出，把对方当作自己最亲密的人，愿意和他携手共度风雨人生。

33. 不知怎么当妈，就先成为孩子的朋友

孩子是上天送给父母的一件作品，还待细心雕琢，而父母要终其一生为这件作品奔波劳碌。在这个过程中，母亲对孩子的影响是至为重要的。做母亲的要时时刻刻注意自己的言行举止，因为你所说的每句话，都可能会影响到孩子的整个人生。

教育孩子，有这样一句经典名言：“好孩子是教出来的，坏孩子也是教出来的。”可见，教育对孩子的意义重大。

父母是孩子的第一任老师；良好的家庭教育，对一个孩子的成长是至关重要的。孩子的思想行为、品性习惯，很大程度上都和自己的父母有关，尤其受母亲的影响更深。从另一个角度来讲，孩子就是妈妈的影子，**妈妈的高度决定着孩子以后的人生，妈妈的言传身教将会伴随孩子的一生。**所以，对于一个母亲来讲，最重要的任务，就是为孩子做一个

榜样，教他做人，给他正确积极的引导。

你说的每一句话，都可能会影响孩子一生

淑芬大学毕业后，男友阿雄带她回家见自己的父母。从见到淑芬的第一眼起，阿雄的母亲便觉得淑芬是个与众不同的女孩，虽然长相平平，但她身上有一种特殊的气质，让人过目不忘。阿雄的母亲没有看错，经过一整天的相处，她愈来愈喜欢淑芬，认为淑芬说话得体，彬彬有礼，言谈有物，举止间流露着一股优雅与高贵。这样的女孩如果能成为自家的媳妇，那真是太好了！

不只第一次见到淑芬的人觉得如此，她身边的朋友也都这样认为。每一个和淑芬相处过的人，都觉得淑芬是个极其优秀的女孩。她安静内敛，非常聪明，却从来都不像别的女孩那样叽叽喳喳。

淑芬说："我想我是受到我妈妈的影响，她的言传身教一直都影响着我。她才是一位真正美丽高雅的女性，从来都不曾听到她大声说话，也没见她和别人争吵过。从小妈妈就告诉我，要做一个像水一样的女孩，因为水够大度，能包容万物。她从不让我与人争吵，告诉我遇到事情不能着急，要先

冷静下来，仔细思考，用智慧去解决问题。她还教育我要做一个诚实的人。我们家族人口众多，爸爸又去世得早，所以平时妈妈难免要受别人的气。但她从来都没有与人争辩过，不管遇到什么事，她的脸上总是挂着微笑，娴静又美丽。”

每个孩子都是一张白纸，从出生的那一刻起，他周围的一切就犹如各种颜色的画笔。而孩子所受的教育就是画笔的颜色，你若替他涂上乱七八糟的杂色，那么他就很难保持纯净。因此，一个负责任的母亲教给孩子的应该是正确的观念，也明白**自己说出的话，会深植在孩子的心里，影响他往后的人生。**

给孩子传递正确的价值观

迪迪有一个让人羡慕的家庭：她的爸爸是一位成功的商人，母亲是一位中学校长。再加上迪迪从小就很聪明，优越的家庭条件加上良好的教育，使得迪迪在别人的羡慕与称赞声中长大。

父母在迪迪很小的时候就对她寄予了很大的希望，他们希望自己的女儿将来长大之后能成为一个品学兼优的孩子，因此对她的成长十分重视。

迪迪慢慢长大，渐渐注意到来自班级里的女孩子异样的眼光。或许是出于羡慕，或许是出于嫉妒，她们经常当着迪迪的面骂她虚伪，甚至还当着全班同学的面欺负她。

善良的迪迪不知道自己做错了什么，她又不敢告诉自己的父母，因为那些女孩子曾经警告过她："如果你敢告状，我们会让你很难看！"

迪迪为此终日闷闷不乐、胆战心惊，甚至开始不愿意去学校。迪迪的母亲终于发现了孩子的异样，经过一番仔细询问，她才知道了事情的原委。

"妈妈，是我不好吗？你们从小就教育我要善良，不要和别人争吵，可是，我不知道我到底做错了什么……妈妈，难道你教给我的都是假的吗？"

妈妈看着迪迪的眼睛，告诉她："孩子，如果你在心里种下一片阳光，那么，以后你的人生路都会是光明和灿烂的。相反，如果你在心里留下黑暗，你这一生，都将难见光明。天空中难免有乌云，不要让暂时的黑暗影响你一生的阳光！"

母亲的话深深地烙印在迪迪的心里，面对同学的攻击，迪迪始终平静地面对，以德报怨。最终，她成功地赢得了同学们的喜爱。

在孩子的成长过程中，价值观是很重要的，唯有正确的价值观，才能引导孩子走向光明和坦途，成就孩子幸福的人生。因此，母亲在教导孩子的过程中，要时时刻刻注意自己的思想与行为，**给孩子传递真善美的价值观，**这样才能在孩子心里形成是非美丑的标准。时间久了，孩子自然就会知道自己该做什么，不该做什么。

告诉孩子，光明远大于黑暗

巴西前总统卢拉被认为是世界上出身最低微的总统，但他却像阳光和河流般给人以温暖与清澈的感觉。

“‘不要去想这个世界有多肮脏和黑暗，重要的是心存美好；抱着一颗友爱、信任的心去面对别人，你也会获得友爱和信任。’母亲的话影响了我一生。”卢拉在2005年母亲节那天发表的电视演说中如是说。

卢拉小时候家里非常贫困，他生活的小区附近，有一个富人生活小区，小区里有一片美丽的草坪，每天都会有很多富人的孩子在里面踢足球。卢拉见到他们欢欣雀跃的身影非常羡慕，心里想：如果有一天我也能和他们一起踢球，该有多好！

这天，卢拉和往常一样，正在痴痴地看着他们踢球。这时，那群富人的孩子对着他喊道："来和我们一起玩啊！"

卢拉听了非常害怕，他害怕那些富孩子看不起他这个穷孩子；觉得那些孩子是在假意邀请自己，如果他进去了，他们一定会嘲笑他的贫穷，然后借机挖苦他。于是，卢拉转身跑开了。

回到家里，妈妈见他一脸惊慌失措，便问他是怎么回事。听完卢拉的话，妈妈问道："他们欺负过你吗？"卢拉摇了摇头。

"他们嘲笑过你吗？"卢拉又摇了摇头。

"那你为什么要说他们看不起你呢？别总在心里想着人的坏与可怕，鼓起勇气加入他们，你会发现，他们也和你一样可爱和友好，而且你也不比他们缺少什么啊！"

听完母亲的话，卢拉走向草坪，加入了那群富孩子的队伍。很快，他们便成了好朋友。

父母是孩子的第一任老师。若是教导孩子节俭，孩子便会拒绝奢华；教导孩子礼节，孩子便会谦虚不傲；教导孩子坚强，孩子便不会怯懦；教导孩子善良，孩子便会有一颗悲天悯人的心。

母亲会影响孩子一生，**好的言传身教能为孩子的成长带来很大的益处，给予孩子成长所需要的信心、希望和勇气。**

Chapter

4

身为一位妈妈，一定要注意自己的言行，教给孩子正确的为人处世道理，这样孩子的未来才会灿烂光明。

|会说话的女人最迷人| COMMUNICATION SKILLS MAKE WOMEN CHARMING

- 家庭教育对孩子的成长十分重要，良好的言传身教可以帮助孩子更好地成长。
- 母亲对孩子的影响尤其大，母亲的言谈与行为将会深深影响孩子，母亲说过的话会深深烙印在孩子的脑海里。
- 在孩子的眼里，母亲是最美丽的天使。如果母亲传授孩子正向的价值观，孩子会受用一辈子。

34. 大声告诉父母“我爱你”

七岁时，她常跟妈妈说：“妈，我爱你。”十八岁时，她总说：“妈，我已经长大了！”三十岁时，她说：“妈，你烦不烦啊！”而现在五十岁的她，只想跟妈妈说一声：“妈，我好想你！”常把爱挂嘴边，珍惜与父母相处的每一天，才不会后悔。

有人说，做人难，做个好女人更难。这是因为女人结婚前，是父母的掌上明珠，是父母贴心的小宝贝；然而女儿总会长大。等她们工作、结婚之后有了自己的生活，有一天父母会发现，女儿回家的时间愈来愈少了。而对于她们，父母同样是心头最柔软的牵挂。在漫长的岁月里，父母倾尽所有将自己养育成人，现在，自己长大了，父母却老了。想要为他们尽点孝道，却发现有点力不从心，因为自己的工作和新生活已经占据了大部分的时间。

身为人妻、人母，该怎样对待自己的父母呢？

Chapter

4

大声跟爸妈说“我爱你”

兰馨结婚后，就随老公从花莲来到高雄生活。现在，三十五岁的她已经身为人母，是一个三岁女孩的妈妈。自从来到高雄后，兰馨觉得自己的生活重心转移到了工作、孩子和老公身上，整天忙碌个不停，甚至已经两三年，她都没有回家探望自己的父母。

直到有一天，女儿的一句话浇醒了兰馨。

那天兰馨正在煮饭，女儿在客厅玩。透过厨房的玻璃，兰馨看到三岁的女儿正坐在地上玩积木。忽然积木倒了，女儿上前去捡，却一不小心跌坐在地上。兰馨见状立刻上前把女儿扶了起来，顺便整理一下女儿凌乱的头发。等到她准备离开时，女儿却一把抱住了兰馨的脖子，对她说道：“妈妈，我爱你！”

兰馨一下子愣在那里。曾几何时，她也这样跟自己的父母讲过；可是现在呢，自己已经有多久没有回家看望父母了？家里有什么变化，父母的身体都还好吗？兰馨对父母的印象愈来愈淡，最深刻的竟然是出嫁时母亲偷偷抹泪的情景。

想到这里，兰馨的心无限酸楚。于是，她快速走到电话机旁拨通了电话，哽咽地说道:“妈，我想回家了！”而电话那头的母亲，也泪流满面。

结了婚之后，我们才知道做父母的不易；但也正是此时，我们最容易因为忙碌而忽视自己的父母。偏偏在这个时候，也正是父母最需要我们的时候。

天下最难做的职业就是母亲，这个道理只有当女性成为母亲那一刻才会明白。很多时候，我们无法像成家之前那样，可以整日陪在父母身边，现在所能做的只有在逢年过节的时候，带着礼物回家，陪父母吃顿饭。

然而，有一类女性却截然不同。就算她们的生活再忙碌，也不会忽略自己的父母；即使不能常回家看看，她们也会拿起电话向父母嘘寒问暖，时时刻刻关心着父母。这样的女儿是父母永远贴心的暖暖包，即使女儿成了别人家的儿媳妇、别人的妻子、别人的母亲，他们也不会担心。因为，女儿就像时时刻刻在他们身边。

常常打电话，说你很想家

小叶结婚后，觉得离自己的父母愈来愈远了。虽然她的家离父母的家不是很远，可是平时小叶的工作较忙，她只能在逢年过节的时候，偶尔回去一趟。每次回家，小叶总觉得和父母相聚的时间是那么短，都还没有说几句话就要离开了。

现在，小叶多了个母亲的身份，日子更忙碌了。可是，小叶愈来愈怀念结婚前的日子。那时候，小叶每天都能吃到父母亲自煮的饭菜，陪父母聊天。可是现在和父母的说话时间愈来愈少，这让小叶很苦恼。

这天是小叶三十岁的生日，一大清早，小叶就接到了母亲的电话。电话那头，母亲嘱咐小叶要多注意休息，多穿衣，少生气，锻炼身体……那语气，简直像小叶还没结婚一样。母亲的话还没有说完，电话旁的小叶早已泪流满面。

小叶哽咽地说道："妈，对不起，结了婚后没有多照顾你们，还要你们老惦记我。"

母亲在电话那头说道："孩子大了，总要有自己的生活，哪能陪我们一辈子。你能经常打电话回家，逢年过节的时候回来陪我们简单吃顿饭，对我们来讲，已经足够了。只要你有心，我们也就别无所求了！"

母亲的一番话让小叶释怀，原来，父母的期盼不过如此简单啊！

幸福的含义，在不同人的眼里不尽相同。然而在父母的

眼里，幸福往往很简单，只要儿女时不时关心一下自己，就觉得心满意足了。

小时候，父母为了孩子辛勤操劳，再苦再累，在他们来看都是值得的。孩子长大后，对于父母来说，最幸福的事情莫过于忙碌的一天过后，孩子能陪着自己简单地吃顿饭，聊聊天。可是成家之后，很多子女就不再有那么多的时间回家陪伴自己的父母了。记得拿起手机打电话给父母，告诉他们，你很想家！

嫁作人妻，更要多说贴心话

美玲的父母这辈子最得意的事情，就是生养了美玲这样一个女儿。

“以前总说，嫁出去的女儿泼出去的水，可是我们家的美玲就不同。”

美玲的父母逢人就这样说。

“是啊，你们家的美玲真是贴心，从来都没有见过这样孝顺的孩子，都结婚了，还这么照顾自己的爸妈，常常回来跟你们抬杠，真是难得啊！”美玲家的邻居也这样夸赞道。

美玲今年四十多岁了，结婚十几年来，从来没有忽视过自己的父母，这让美玲的父母十分欣慰。只要美玲有空，就会回家陪父母聊天，说说贴心话。聊工作、聊家庭、聊小孩……父母的一些过来人的经验，也让她受益匪浅。

美玲说，要做个好女人并不难，但孝顺永远是最重要的。美玲小时候有一个很要好的玩伴，名叫小花，两个人一起长大，形影不离。小花比美玲大五岁，后来，小花远嫁到其他地方，从此以后，美玲便很少见到她。

小花的父母只有她一个女儿，自从她结婚之后，两个老人就失去了很多快乐。每次看到别家的孩子和父母在一起吃饭、说话，小花的父母便特别羡慕。这些都被年轻的美玲看在眼里，从那时起，她便暗下决心，如果有一天自己结婚了，也要常回来看看自己的父母，陪他们说说话。

孝顺的女人最懂得父母的心，她们理解做父母的辛苦，明白父母心里小小的盼望。因此，她们会站在父母的角度，思考他们最需要的是什么。

其实，对于父母来讲，孝顺并不是你每个月寄给他们多少钱，每年送他们多少名贵的礼物。**往往只要一句简单的问候，抑或日常生活中的嘘寒问暖，就能让父母心满意足。**

多跟父母说说贴心话。刚开始可能会有点害羞，可是久了，这些真挚的关心和情感，就会让父母亲感到欣慰满足，觉得有你这个女儿，真好！

|会说话的女人最迷人| COMMUNICATION SKILLS MAKE WOMEN CHARMING

- 结婚之后的女人，依然可以继续做父母贴心的暖暖包。
- 女人结婚之后，常常会因为琐碎的工作和生活而筋疲力尽。虽然不能像以前那样经常回家探望父母，但是别忘了时常打电话关心他们。
- 结婚之后更要懂得孝顺自己的父母，将爱说出口，因为这个时候的他们，更需要你。

35.

搞定婆婆，你就是家里的“女王”

有人说，婆媳关系是天底下最难处理的关系。很多妈妈在女儿选择结婚对象的时候，也会告诫自己的女儿，除了要找一个好老公外，还要观察对方的妈妈。婆媳关系真的那么可怕吗？其实，并非如此。懂得和婆婆沟通，婚姻生活就会相对轻松很多。

婆婆和媳妇之间的关系，是一种很微妙的关系。原本两个不相干的女人，因为同一个男人而走到一起。婆媳关系处理好了，两人就会亲如母女；处理不好，会让老公夹在其中，左右为难，严重的话可能还会导致一桩婚姻的破裂。

其实，和婆婆相处并不难，只要两个人能互相看得顺眼、听得顺耳就行了。聪明的女人，在婆婆面前说话会注意分寸，懂得用自己真诚、智慧的话语打开婆婆的心扉，也成就了自己一桩美满幸福的婚姻。

不要与婆婆针锋相对

小溪和阿正马上要结婚了。这天晚上，阿正带着小溪回家，结果却发生了一件让小溪很不痛快的事。

吃饭的时候，他们提到了结婚以后的事。本来，阿正和小溪已决定结婚后自己开一家小店，不和阿正的父母住在一起。可是还没等他们开口，阿正的母亲便说道，她和阿正的爸爸已经老了，希望他们结婚后不要离家太远，最好住在家里，这样一家人也好有个照应。

小溪是个独立的女孩，她很希望自己和阿正可以闯出一番属于自己的事业，而不像其他一些女孩一样，结了婚之后便放弃了自己的人生。于是，小溪委婉地说道："伯母，我和阿正还年轻，我们打算结婚后出去闯荡一番自己的事业……"

还没等小溪说完，阿正的母亲就沉下了脸。小溪见状知道自己说错了话，赶紧改口道："伯母，虽然我和阿正都想自己出去闯闯，但是您和伯父就阿正一个孩子，我们也舍不得你们。所以先在家里住也蛮好的，我和阿正是不会急着搬出去的。"

小溪刚说完，阿正的母亲脸就红了。她说道："年轻人有想法很好，你们的事，自己做主吧，只要你们在一起开心就好！"

宽容与忍让，是人际来往中最好的润滑剂。这个道理放在婆媳关系中也同样适用。其实，婆婆和媳妇之所以难以相处，就是因为两个人思维、习惯不同。本来婆婆和媳妇就是两个不相干的陌生人，不过是因同一个男人而走到一起，因此难免会有一些矛盾和摩擦。这时候，**做媳妇的如果不懂得宽容和忍让，而一味与婆婆针锋相对，只会让婆媳关系更加紧张。**

也许有人会说，忍让是懦弱的表现，其实并非如此。有理走遍天下都不怕，只要媳妇的要求是正确的、合理的，做婆婆的总会理解。等到她明白的时候，就会放下自己的面子，尊重孩子的选择。毕竟，要和儿子生活在一起的是媳妇，而不是她，干涉太多又有什么用呢？

放下公主姿态，对婆婆敞开胸怀

晨晨的老公是个极其孝顺的孩子，结婚后他把自己的母亲从乡村接到了都市。

晨晨是都市里长大的独生女，她和婆婆两个人的生活习惯，有着很大的不同，这让晨晨很不习惯。例如，晨晨早上喜欢赖床，可是天刚亮婆婆就会起床做好饭，还一定要喊她起来吃早餐；晨晨喜欢吃面，可是婆婆却偏好米食；婆婆用不惯洗衣机，每次洗衣服的时候，总是差点儿把洗衣机给弄坏……

新婚的甜蜜，因为婆婆的到来而消失殆尽。可是晨晨是个温顺的女孩，况且她又很爱自己的老公，如果直接指责婆婆，肯定会很尴尬，搞不好老公也会数落她的不是。

几番思索之下，晨晨发现婆婆并非一个难相处的人，最大的问题在于她不习惯都市的生活。但婆婆为人勤快，自从婆婆来到家里后，自己就很少进厨房了。婆婆好歹也是长辈，能做饭给自己吃，晨晨已经很感动了。

第二天早上，婆婆起床后，晨晨也早早起来，走到厨房里对婆婆说："妈，真过意不去，让您天天给我们做饭，我这个做媳妇的真不懂事！"

晨晨刚说完，婆婆也不好意思地说道："其实，我也有不好的地方。都市里的好多东西我都用不习惯，又不知道怎么开口问，好几次差点儿把洗衣机弄坏……"

听婆婆这样讲，晨晨倒吸了一口气，幸好当初没有莽撞，不然真会伤了她们的婆媳关系！

婆媳关系之所以难处理，主要还是在媳妇。出嫁前，女儿可以在家里无拘无束，结婚后来到婆婆家就不同了。先不说婆婆以及家人如何看你，连邻居都会关注做媳妇的怎么样。媳妇做得好，街坊邻居争相称赞；做得不好，大概方圆十里都会知道这个家里娶了个不孝的媳妇。因此，做媳妇的怎么能怠慢呢？

因此，来到婆婆家，媳妇首先要做的是正确认识自己的位置。如今已为人妻、人媳，就该承担起一定的责任。**和婆婆保持沟通，主动帮助婆婆操持家务，勤快做事，孝顺长辈。**如果能做到这一点，婆婆自然就不会挑剔了。

和婆婆讲话，态度一定要真诚

佩佩和大伟结婚后一直住在外面，只有周末的时候和老公回家吃顿饭。

这天又是周末，佩佩刚端起碗筷，婆婆就嘀咕道："大伟最近怎么回事啊，变得那么瘦；都过了一个月了，怎么还没有胖起来？你们平时是不是都没有好好吃饭？还是你工作忙，所以没有时间做饭？"

婆婆的话让佩佩听着很刺耳，婆婆摆明是在指责她没有把老公照顾好。佩佩觉得很委屈，自己又没有偷懒，照顾老公尽心尽责；作为妻子，佩佩觉得自己问心无愧。很明显，婆婆这是在无理取闹。

不过，佩佩也知道婆婆的脾气很古怪。她极力克制住自己的脾气说道："妈，都是我不好，我一定把大伟养得白白胖胖的，让您老人家满意！"

一个星期后，佩佩刚进婆婆家大门，就连忙拉过大伟说道："妈，你看，上次回家后，我每天都给大伟做好吃的，天天炖鸡炖鸭，早上还逼着他喝牛奶、吃鸡蛋，可是我也不知道怎么回事，大伟还是胖不起来，这下我可真的没办法了！"

佩佩说完，婆婆脸上露出了满意的微笑。

佩佩是个聪明的女人，面对婆婆的无端指责，她非但没有生气，而是静下心来，寻找解决问题的办法。她顺着婆婆的话去做，并且再次见到婆婆时，将话题专注在婆婆在意的事情——大伟的胖瘦上，真诚地和婆婆交流。

婆婆和媳妇总是相见好、相处难，因此，才会有那么多的矛盾和隔阂。这时候，若想双方相处愉快，肯定要有一方做出让步。

人与人，最难得的莫过于真诚，婆媳关系也是如此。**婆婆和媳妇若是想要相处得愉快，就必须秉持真诚的态度去接纳对方。**要想别人如何待你，首先你就要如何对待别人。有了真诚，你才有智慧去化解误会或委屈，减少婆媳关系间的矛盾。时间久了，婆婆最终会因为你的真诚而接纳你。

|会说话的女人最迷人| COMMUNICATION SKILLS MAKE WOMEN CHARMING

- 和婆婆讲话的时候，千万要冷静，即使两人的意见有分歧，也不可以与婆婆正面交锋。
- 和婆婆相处，尊重与理解是基本前提。与婆婆说话的时候，一定要先照顾好婆婆的心情；只有这样，婆婆才愿意真心接纳你。
- 在婆婆面前一定要嘴甜，不要拿婆婆当外人，这样婆媳之间的隔阂才会减小。

36.

“豆腐嘴”的女人更讨喜

很多人都说，刀子嘴豆腐心的女人最真诚，因为这样的女人表面上很凶，其实心地善良。但是，刀子嘴豆腐心并不适用于每个家庭。当女人的刀子嘴成为一种习惯时，就很有可能会对自己的婚姻不利。更多时候，豆腐嘴更能让家庭和谐。

刀子嘴豆腐心，是说一个人说话时尖酸刻薄，嘴巴不饶人，但是心眼并不坏。生活中有很多这样的女性，她们在表达自己的思想时，总是心口不一。例如，她们明明很爱对方，却偏偏来一句“我才不喜欢你”；明明很在乎某件事，却在表面上装作不屑一顾。

女人的这种口是心非，让很多男人都束手无策，他们不知道女人真正的想法是什么。遇到这种情况，脾气好的男人会耐着性子来猜测她的心意，猜对了两人皆大欢喜，猜错了大不了继续猜。可是，当刀子嘴的女人遇见同样是刀子嘴的男人，麻烦就来了。他们不会去猜女人的心思，女人说什么就是什么。这时候，如果女人再不收敛自己的刀子嘴，就会造成两败俱伤的结果。

留意刀子嘴，伤人也伤己

男孩和女孩在一起五年了，结婚前，男孩为了让女孩过得更好，一个人来到了都市，希望赚到足够的结婚基金，风风光光地回到家里和女孩成亲。

男孩刚走的那段时间，两人经常电话聊天。他们聊聊身边的故事，说着对彼此的思念，偶尔还会憧憬未来日子里两个人的生活。虽然男孩不在身边，但女孩还是觉得自己是天底下最幸福的女人。

这样的日子过了两年。两年后，男孩的消息愈来愈少。一开始，女孩以为男孩忙，所以也就没有多想。直至后来，男孩音讯全无，她的心里才愈来愈不踏实。她不知道是怎么回事，难道是男孩已经移情别恋，不喜欢自己了吗？女孩终日被这个坏念头缠绕着。

终于有一天，男孩回来了。他原以为女孩见到他会很开心，可是令他没有想到的是，女孩只淡淡地说了句："你走吧，我已经不喜欢你了！"

男孩信以为真，他不知道该怎么跟女孩解释，这两年，他一个人在外面吃了很多苦。男孩也没有告诉女孩，他一个人在城里的辛苦、挨饿、被骗，这一切都很值得。现在他成功了，女孩却不喜欢他了……

男孩站在那里不知所措，直到女孩转身，男孩看到了女孩脸上挂着的眼泪，男孩才明白女孩原来口是心非。

刀子嘴的女人最容易让人误会，因为她们隐藏了自己内心真实的想法。可是这样的结果，往往容易伤了别人也伤了自己。

人在生气或者愤怒的时候，难免会说出一些言不由衷的话，这些话往往不是女人心里真正的想法；而且很多时候，这些话都带有一点攻击的意味。**刀子嘴就像是一颗炸弹，即使是颗假炸弹，也难免会让人提心吊胆。**

人的感情有时候是很脆弱的，尤其在面对自己爱人的时候，往往爱得愈深，愈不知道该如何表达；有时一味地使小性子，说一些连自己都无法控制的话。话一出口，说者无心，听者有意；再想挽回，一切就都晚了。

Chapter

4

冲动的话，是婚姻可怕的杀手

佳佳和老公是大学同学，两个人毕业后一起在都市里打拼，虽然很辛苦，但是两个人的感情很好，所以佳佳觉得很幸福。

多年后，两个人的生活渐渐有了起色。老公自己成立了一家公司，他们也有了自己的孩子。佳佳干脆辞了工作，安心地在家里做起了家庭主妇，相夫教子。

别人告诉佳佳，要看好自己的老公，可是，佳佳总是微微一笑，从来没有把这些话放在心上。

直到有一天，佳佳偶尔发现老公的手机上有一条这样的短信："我很想你……"

佳佳看后顿觉天旋地转。

第二天早上，佳佳很早就起床做好了早餐。早餐过后，佳佳跟老公提议："亲爱的，我们很久没有一起出去逛逛了，今天天气不错，我们出去走走吧！"

老公没有拒绝佳佳的请求。

愉快的一天很快过去了。晚饭后，佳佳示意老公坐下。老公正好奇佳佳葫芦里卖的什么药，只听佳佳说道："亲爱的，谢谢你这么多年来一直陪着我；和你在一起，我很幸福。但是现在，你另外有了喜欢的人，我想我们还是和平分手的好。我会永远祝你幸福！”

佳佳的老公愈听愈糊涂，他终于忍不住问道：“佳佳，到底怎么回事啊？”

最后，佳佳终于说出了昨晚看到的那条短信。

老公听完，哭笑不得。原来那条短信，只是他一个多年未见的男同学发来的。尽管如此，老公还是从佳佳的身上看到了她的深情与宽容大度。

相信很多女人遇到佳佳那样的事情，都会大发雷霆，先找老公理论一番，然后大吵大闹。这样不但不利于事情的解决，还会使自己在老公心目中的形象大打折扣。

有一位作家曾经这样说过：“婚姻是否美满，有时候取决于男女双方的婚姻语言优劣。”也就是说，**婚姻是否美满，和两个人的语言是密不可分的。**男人和女人是两种不同的生物，男性以阳刚为美，女性以阴柔为美，没有哪个男人会欣赏尖酸刻薄、不讲道理的女性。以柔克刚，才是征服男人最厉害的武器。

Chapter

4

嘴甜心软，能赢得众人赞扬

琳琳和媛媛是一对双胞胎姐妹。两个人的长相都很出众，姐姐琳琳喜欢读书写作，写得一手好文章，经常在报上发表文章；妹妹媛媛能歌善舞，画得一手好画。可奇怪的是，媛媛却没有琳琳受欢迎。就连她们的家人和老师也觉得，媛媛不是一个讨人喜欢的孩子。从小到大无论琳琳走到哪里，总会有亲朋好友争相称赞，说她懂事乖巧，可媛媛就没有这种待遇了。

原来，这是因为姐姐琳琳性格爽朗，待人真诚热情，嘴甜心软，不管与任何人相处，总是笑盈盈的。而妹妹媛媛却不同，她对人的态度总是冷冰冰的，和别人说话也是毫不留情，有话直说，所以一般人都很难和她相处。

后来，琳琳和媛媛都工作结婚了，两个人的人生境遇也大不相同。姐姐琳琳家庭幸福，老公很疼爱她，还有一个可爱的儿子，看上去意气风发，美丽动人。而媛媛不管是工作还是家庭，都平平淡淡的。姐妹的差距愈来愈大，甚至有一次两个人一起出门，别人还指着媛媛问琳琳："你姐姐是不是比你大十几岁啊？"

事实证明，现实生活中那些没有棱角的女人，更受人欢迎。**豆腐嘴的女人就像一个太阳，走到哪里都能让人感觉暖暖的。而她们在给予别人光和热的同时，也吸收了别人给她的能量。**所以，她们才会像夏日的骄阳，永远都那样光亮明媚。

而刀子嘴的女人却不同，她们会把自己的感情深深隐藏起来，很难让别人感受到她们的温暖和阳光，所以别人会对她们敬而远之。与豆腐嘴的女人相比，她们没有享受到众星拱月般的尊敬与爱戴。所以，她们没有太多的光和热去浇灌自己，慢慢地，她们的内心里便会积累自卑、孤僻、多疑等不良的因素。久而久之，她们身上的美丽便会日益减少。

|会说话的女人最迷人| COMMUNICATION SKILLS MAKE WOMEN CHARMING

- 夫妻沟通的关键，在于要及时说出自己内心最真实的想法。即使很生气，也不要口无遮拦地说出伤害感情的话。
- 豆腐嘴比刀子嘴更能说服人心，可以使自己与他人的交谈有着融洽的气氛，维持一个家的和睦。
- 说话真诚，没有棱角，赢得他人喜爱之余，也能为自己开启幸福之路。

37.

说话得体又有礼，让你更有长辈缘

我们从小就接受了这样的教育：看见长辈要问好，长辈的教导要记牢。对长辈尊敬与否，体现着一个人修养的高低。尊敬长辈可以体现在语言与行为两方面。如果一个女人连最起码的语言尊敬都没有，那你还能指望她在行为上有什么体现呢？

尊敬是人与人之间相处的根本，在长辈面前尤其如此。唯有你尊敬别人，别人才会尊敬你。有一句话说："爱亲者，不敢恶于人；敬亲者，不敢慢于人。"敬是孝的基础，孝是一切美德的根源。因此，我们要懂得尊敬长辈。

一个女人的名声，不是一朝一夕能积累起来的。想要了解一个女人，首先要看周围人对她的评价。在这些人中，长辈的眼光是最犀利的；一个懂得尊敬长辈的女人，绝对会深受他们的喜欢。所以，若想成为一个优秀的女人，就要先从尊敬长辈开始做起！

嘴甜的女孩得人爱

雅君和大伟正在热恋，可是，大伟的妈妈一直反对两个人交往。大伟的妈妈说：“我们家是世家，又是书香门第，在当地也算是有头有脸的人。我和你爸爸就你一个孩子，那么大的家业以后还需要你来管。雅君是小户人家的孩子，这样的女子不够大器，怎么能做我们家的媳妇呢？”

大伟听完之后很生气，他说：“妈，雅君不是你想的那样，她是一个很好的女孩子。小户人家怎么了，想当初你还不是从农村出来的！”

大伟的话让他的妈妈没有反驳的余地。于是，她只好同意让大伟先带雅君来家里做客。

大伟的妈妈见到雅君后，感到很惊讶。儿子说的没错，雅君虽然是小户人家的女儿，可是她说话彬彬有礼，待人接物优雅从容，尤其在长辈面前，更是礼貌有加。

“阿姨您好，第一次来你们家，也不知道您爱吃什么。大伟说您经常走路，所以我就给您买了足浴盆，也不知道您喜欢不喜欢。”一句话说得大伟妈妈心里暖洋洋的，对雅君的印象立即加分。

大伟还有一个奶奶，雅君一见到她，就上去拉住她的手热切说道："奶奶，您身体还好吗，要不要我陪您出去晒晒太阳？"

"怎么样，妈，我早就说过雅君是个不错的女孩。虽然她的家世普通，不如我们家殷实，但是她的气质一点都不比那些大家闺秀差。"大伟说。

妈妈也开心地说道："是啊，雅君这女孩真是不错，对待老人也很尊敬，仪态大方。妈以后不反对你们交往了！"

身边曾有男性朋友，带女朋友去未来的公婆家做客，但女孩不仅言语无礼，还对公婆呼来喝去。最后公婆实在忍无可忍，说道："你以后再也不要踏进我家的大门！"虽然那个女孩长得很漂亮，家庭背景也很好，可是母亲还是坚决反对自己的儿子与她交往。由此可见，尊敬长辈对一个女孩来说有多么重要。

一个女孩可以长得不美丽，但是不能不懂礼貌，尤其在长辈面前。如果对长辈说话无礼，即使这个女孩家世再好，也不会有人想把她"套牢"。

别用“火星文”，让长辈听得懂你的话

春节到了，美林一家照例去外婆家吃饭，在外婆家见到了小侄女丽珠。美林很开心，她看着丽珠长大，两个人感情很好，在一起总有说不完的话。后来丽珠高中毕业后去了美国，两个人已经有好多年没有见面了，没想到这次在外婆家见到了她。

“丽珠，见到你我真的很开心！”美林上前热切地拉住了丽珠的手。

没想到丽珠一下子甩开了美林的手，冷冷说道：“不至于吧，也就好几年没见面，You know.”

丽珠的态度让美林诧异极了！

“丽珠，你怎么这样跟你姑姑说话！”丽珠的母亲见状说道。

“美林，你不要放在心上。丽珠独自在国外待了几年，有点不懂事，跟谁讲话都是这个样子，一点礼貌都没有。”

果然就像丽珠母亲说的那样，吃饭的时候，丽珠的态度更是让人觉得不可思议。外婆都还没有坐下，丽珠便当着所有人的面一屁股坐在椅子上。

“丽珠，怎么那么不懂事呢，外婆都还没坐下呢！”丽

珠的妈妈赶紧制止她，丽珠这才很不情愿地起来了。

因为她刚从美国回来，外婆也有很长一段时间没见她了，席间外婆问她：“丽珠啊，在国外待得还习惯吗？那里的饮食合不合你的口味啊？”

“Just ok，习惯了就好了。”丽珠边嚼着鸡爪边说道。

“丽珠啊，如果有什么困难，记得跟外婆说啊。”外婆说道。

“That's enough! 吃饭说这些干吗啊，我哪会有什么困难！”

丽珠的妈妈终于忍无可忍，大声说道：“丽珠，马上回家去！”

与长辈说话，一定要有恭敬之心，并且使用长辈了解的语言。在长辈面前的态度，也反映了一个人的家庭教养。简单来说，一个女孩在外面彬彬有礼，人家同时也会赞叹她父母的教育之道；相反，一个女孩傲慢无礼，在长辈面前说话造次，通常别人的第一个反应会是：这女孩的爸妈是怎么教她的！

顶嘴是最糟糕无用的沟通方式

馨予是电台的热线主持人，她主持的节目，主要是探讨家庭方面的议题。这天馨予正在做节目，忽然电话响了，导播把电话转接进来，是一个女人的声音。这个女人哭着说："主持人，我都不知道该怎么办了。我女儿今年都上大学了，可我还是教不好她！她经常跟我顶嘴，我说东她偏向西，常常把我气得胃痛。"

"怎么回事呢，可不可以说得详细一点？"馨予温柔地说道。

原来，这位母亲有一个很不听话的女儿，经常和她顶嘴。就像早上起风，她跟女儿说要穿厚一点，可是女儿偏不听。母亲急了，说了她两句，结果两个人当场吵了起来。

"我们邻居也有一个一样大的女儿，那个女孩真的很懂事，我从来都没有见过她大声和自己的父母说话，和父母顶嘴更是少见。我不知道我的女儿怎么了，是我的教育方法不对吗？我真的是为了她好，我真的希望我的女儿乖巧一点……"这位母亲几乎带着哭腔说道。

很多人都认为，父母是和自己关系很亲近的人，在他们面前可以不必假惺惺，任何喜、怒、哀、乐都是正常的反应，高兴了就笑，害怕了就说，不高兴也不需要隐藏。在长辈面前顶嘴没什么不对，每个人都有发表自己意见的权利。更何况，有时候确实是他们不对，我凭什么不能发表自己的意见？

的确，长辈和晚辈之间，因为年代不同，生活方式与观念难免会发生冲突。但即使他们不对，也不要和他们顶嘴，这样是很不尊重他们的行为。

我们常说，姜还是老的辣。长辈是过来人，他们的经验和智慧，值得我们晚辈学习。因此，当晚辈与长辈发生冲突时，晚辈不妨先冷静下来，仔细听听他们的意见。即使他们的意见实在不对，也要冷静下来，和他们好好说话。**顶嘴是很幼稚的行为，只有不成熟的人才会那样做。**

|会说话的女人最迷人| COMMUNICATION SKILLS MAKE WOMEN CHARMING

- 对长者尊敬与否，体现着一个女人的修养。因此，在长辈面前千万不要忽视言语上的礼节。
- 在长辈面前说话，音量不能太大，也不能太小，更不能有言语上的不敬之处。
- 和长辈顶嘴，是对长辈的极不尊重，不仅伤害双方的感情，还会影响你在长辈心目中的形象。

38. 赞美另一半，他的魅力就在你的口中

赞美是发自内心对事物的肯定，代表着一定程度的欣赏。人人都喜欢被赞美，然而并不见得所有人都会赞美。尤其面对自己最亲近的人的时候，我们更是羞于表达自己的情感。然而，一个聪慧迷人的女人，从来都不会吝惜自己的赞美，尤其是对自己的老公。

无论男人还是女人，都喜欢听到称赞自己的话。尤其是男人们在自己喜欢的女人面前，更渴望听到她们的赞美和肯定。

一个善解人意的女人，从来都不会吝惜自己的赞美。她们会把自己的老公当作一件完美的艺术品般小心呵护，仔细保养，时不时拿出来捧在手心里，用满怀爱意的目光去称赞他、欣赏他。

人比人，气死人。男人更好面子，女人的赞美对他们来

说，无疑是黑暗中的一线光明，寒夜里的一丝温暖，让他们充满了无穷的前进动力。

夫妻越比较，感情越糟糕

小张最近下班后很不愿意回家，不是待在办公室里玩游戏，就是和老同学聊天，再不然就是和同事出去喝酒聊天。

小张的这种状态，让同事们很不理解。小张不是结婚还不到一年时间吗，听人说他老婆长得挺漂亮的，怎么会不愿意回家呢？

同事们连番追问，小张这才道出了原委。原来，他是受不了老婆的牢骚抱怨。

例如，小张刚刚下班回到家里，屁股还没有坐稳，他的老婆就说道："你看你，都工作那么长时间了，还是老样子，薪资不涨，职位停滞。你看人家隔壁小李，年资没有你长，早就升职加薪了……"

"你看你怎么那么邋遢，不会跟阿和学学，都是男人，为什么人家就那么爱干净呢？"

"早知道你现在这个样子，我当初还不如嫁给……"

每次回到家，小张最受不了的就是老婆老拿他和别人比较。可是，他又没办法反驳，凭他对老婆的了解，他若是反驳的话，只会火上浇油。罢了，惹不起，干脆躲起来好了！索性，小张下班后开始不回家。

事实证明，很多男人都讨厌女人拿自己和别的男人做比较，尤其是在男人不得志的时候。可是，现实生活中，偏偏有很多女人喜欢拿自己的老公和别人的老公做比较。不管是比相貌、比赚钱、比地位，别人的老公总是做得比较好，而自己的老公永远都不如人。

女人想要自己的老公比别人优秀，这种想法无可厚非。毕竟人都有点小小的虚荣心，喜欢比较。有时候，女人无非是想通过刺激老公，让其更加上进。

可是万万没料到，在男人眼里，这是对他们极大的不尊重。

其实想想也是如此，总拿别人的老公来做比较，这不是明显承认自己嫁了个没出息的老公吗？**聪明的女人，从来不会长他人志气，灭自己威风。她们会带着一种欣赏的眼光，来看待自己的丈夫。**不管遇到什么情况，她们都会毫不吝啬地夸奖自己的丈夫：“亲爱的，你真棒！”

Chapter

4

你的赞美，会让另一半好一百倍

孜孜是幼儿园老师，她逢人便说，自己嫁了一个好老公。

孜孜总是说:“我老公有一手好厨艺，他做饭很好吃！”

“我老公眼光很好，你们看，我这件衣服就是我老公帮我买的。”

“你知道吗，我老公的文章又在报纸上发表了，这是今年他发表的第十篇作品呢！”

孜孜总是这样，不管和谁在一起，她总是毫无保留地夸奖自己的老公。时间久了，大家也都相信了，孜孜确实有一个好老公，而且她的这个老公无所不能。

可是，孜孜的老公，谁也没有真正见过。

元旦晚会那天，所有的老师都被要求表演节目，孜孜也不例外。她表演的是诗朗诵:《我的老公》。在诗里，孜孜描述她的老公勇敢、善良、真诚、智慧……

晚会之后，有人提议要见见孜孜的老公，孜孜答应了。可是，等到孜孜带着老公出现在大家面前时，所有人都非常诧异。

她的老公是一位其貌不扬的残疾人士。

人们常说，成功男人的背后，总有一个支持他的女人。然而，真正拥有幸福的男人却不多，这是因为在他们的背后，并不一定有个真正欣赏他的女人。

一个优秀的、善解人意的女人，同时会是一个懂得欣赏和肯定男人的女人。女人对男人的赞美，代表着她对一个男人的肯定和信任；而这种肯定和信任，多半抛却了利益，以爱和感情为基础。

女人对男人的赞美，往往会使一个男人产生极大的自豪感和满足感；当这种自豪和满足成为一种习惯时，便会成为男人前进的动力，不断地完善自己、提升自己，从而使自己愈来愈优秀。

对于婚姻中的两个人来说，没有什么比妻子的赞美更能让丈夫得到安慰。尤其在男人脆弱的时候，更希望得到妻子的鼓励。如果做妻子的能时时赞美他，他就会从中获得力量，觉醒振作，成为更好的男人。

即使是伤疤，也请多多赞美他

戴维是一个退伍的年轻人，他在二战中受了伤，造成腿部残疾。他的小腿肚上有一个很难看的疤痕，戴维为此很自卑。

这个夏天，戴维和妻子琼斯一起去海边度假，这是他们第一次来海边度假。戴维和琼斯坐在海滩上，沙子软软的，

Chapter 4

海风轻轻地吹着，琼斯闭上眼，尽情地享受着日光浴。可是，戴维却一动也不动，他的眼睛始终盯着远处湛蓝的海水。

“亲爱的，你是想下海游泳吗？”琼斯温柔地问道。

戴维没有回答。

“亲爱的，去吧。”琼斯在一旁温柔地鼓励道。

戴维还是没有动作。

“亲爱的，你是担心别人看到你的腿吗？”

这下戴维低下了头。琼斯见状，笑着说道：“亲爱的，你该为自己的腿感到自豪，它是你的勋章，代表着你的勇敢、忠诚与光荣。那些疤痕是你的荣誉，你不应该把它们隐藏起来。亲爱的，让我们一起去游泳吧，让所有人都一起见证你无上的光荣！”

琼斯说完，戴维的眼里流出了感动的泪水。

都说女人是感性的动物，事实上，男人也是一样，他们也很容易被感动，尤其是在自己心爱的女人面前。通常，男人的自尊心很强，但是男人会把自尊心掩藏得很深，一般不会轻易在别人的面前显露出来。

谁都渴望得到别人的肯定，喜欢听到别人的赞美。因此，适当的时候，千万不要忘了赞美，或许它可以成为激发男人力量的秘密武器。

真正的赞美是发自内心的，尤其是在面对自己爱人的时候。**对于男人来说，心爱的女人恰到好处的赞美，是他们的一剂强心剂。**男人宽阔的肩膀可以为女人挡风遮雨；而女人的温柔和善解人意，则是男人疲惫心灵的抚慰。生命中没有赞美与掌声的男人，内心只会更加疲惫。

经常赞美自己的男人，可以让你的心胸愈来愈宽广。你不会心胸狭隘地只计较老公的工作和薪资，你会发现老公新的优点；而你的老公也会在你的赞美声中愈来愈有自信，愈来愈勇敢。你们的婚姻，也会在赞美声中，愈来愈稳固，愈来愈美满。

|会说话的女人最迷人| COMMUNICATION SKILLS MAKE WOMEN CHARMING

- 好男人是被夸赞出来的。因此，在老公面前，千万不要吝惜你的赞美。
- 女人对男人的赞美，犹如冬日里的暖阳。但是，赞美一定要发自真心，才会有真正的价值。
- 女人赞美男人的时候，要符合当时的场景，考虑男人的心情，不要让男人觉得你是在讽刺挖苦他。

39. 家庭幸福美满的家传秘方：幽默地说话

幽默是人生的调味剂，它会让单调的生活充满乐趣，还可以调节不愉快的气氛，缓解紧张的关系。同时，幽默也是一种才华，一种力量，它可以帮助你走向成功。在家人面前，幽默也是少不了的；适当的幽默，会让你的家庭充满无穷无尽的欢乐。

有一类女人，她们的工作能力突出，温柔贤惠，是老板眼里的好员工，老公眼里的好妻子，孩子眼里的好母亲。刚见到她们时，犹如一阵温暖的春风，轻轻拂过面颊；可是和她们在一起久了，你便会觉得索然无味。

也有这样一类女人，她们聪敏、智慧，说话妙语连珠，和她们在一起，会让人觉得世界充满欢笑。若和这样的女人一起生活，一定会非常惬意。

幽默是智慧的代名词。一个女人身上可以有很多优点：

善良、温柔、贤惠……但若失去了幽默，那么这个女人必然少了那么一点味道。一个没有幽默感的女人，就好比一朵失去了香味的花，只有形而无神。

你的幽默，让家庭充满欢乐

淑惠的女儿长得很漂亮，自从女儿上中学以来，一直收到班里男生的情书。但淑惠告诉女儿，要好好学习，将来考个好大学。

女儿也一直把心思用在学习上。可是最近这几天，淑惠明显地感觉到了女儿的异样。

淑惠几番询问之下，女儿终于说出了实情。原来，女儿对一个追求她的男孩动了心，可是她一直都记着母亲说过的话，认真念书。所以女儿也婉拒了那个男孩。后来那个男孩转学了，临走之前，女儿都没有跟他表白过心意。所以她感到很惆怅，觉得有点遗憾。

“那个男孩现在过得还好吗？”淑惠问道。

“听说过得还不错。”

淑惠听完后说：“那就好，看来是个优质潜力股，让我们女儿芳心大动！”

“哈哈！”女儿听到妈妈的调侃，由原本的愁眉不展，变得破涕为笑。

“我听别人说他为了要送情书给我，差点儿跟家人吵起来。现在他转学了，也不知道还有没有机会再见到他。”

“好了，不要难过了，我敢保证，这个男孩还是有机会的。总会有碰到的一天！”

淑惠的一番话，把女儿逗笑了，让她重拾快乐的笑颜。

幽默的女人，常常能给人意想不到的惊喜。她们是一本你永远也翻不完的智慧手册，里面藏着精辟的言论，你每翻一页，便会为其中的精彩内容笑逐颜开。幽默对一个家庭来说尤其重要，是十分难得的调味品；有了它，你的家庭会时时刻刻充满温馨和欢乐。试想，若淑惠严肃又愤怒地指责女儿不专心念书，只想谈恋爱，事情是不是会有不一样的结果呢？

一个丈夫拥有一个幽默的妻子，那么他就拥有了一个健康快乐的家庭；一个孩子拥有了一个幽默的母亲，那么他便可以得到智慧和能量。

和一个有幽默感的女人生活在一起，听着她的妙语连珠，生活中将永远都花香满溢，充满欣喜。

幽默是智慧的代言人

有一位导演的老婆是一位优秀的女演员。她不仅人长得漂亮，而且十分幽默。

可是，导演的相貌一直被很多人取笑，这也成了困扰他们夫妇的问题。甚至有一次，一位影迷直接问女演员："你长得那么漂亮，你的老公却其貌不扬，你们两个人要怎么在一起生活呢？"

女演员笑着说道："这才是真正的美女与野兽啊！"

娱乐圈绯闻很多，而这位著名的导演，每当遇到绯闻缠身，女演员总是一笑带过。她转移焦点，这样跟别人讲道："千万不要把眼睛睁得大大的，最好的相处方式，是睁一只眼闭一只眼，就像人的眼睛和眼睫毛的关系。眼睫毛是用来挡灰尘的，如果把眼睫毛剪了，虽然可以看清楚东西，但是我敢保证，这样过一分钟，一定会跑进异物。"

女演员在札记中这样写道："我觉得我们俩在一起是一种互补。我属羊，他属狗，这辈子我是被他看管死了——谁叫他是一只牧羊犬呢？"

女演员的幽默风趣，让他们避免了很多尴尬。

学会幽默对女人来说，是很重要的。**人们在生活中，难**

免会遇到各式各样的矛盾和尴尬，这时候幽默就是很好的调节剂。它能让你避免不必要的纷争，有时候还可以化腐朽为神奇，起到让人意想不到的作用。

善于运用幽默的女人，是一个智慧的女人。这样的女人心灵是充满阳光的，让人闻不到腐败的气息。即使生活中有种种不如意，她们也不会像别的小女人那样喋喋不休、争吵不停，她们会用幽默自嘲的方式缓解实际的生活状况，她们的内心永远都是积极向上的。和这样的女人生活在一起，就像在阅读一本有深度的书，永远不会乏味。

培养幽默感，让家里充满活力

琳琳和小天是邻居，琳琳幽默风趣又健谈，说话妙语连珠，人们常常会被她的幽默所折服，琳琳家也总是充满笑声。不管走到哪里，琳琳都很受人欢迎。这天，小天和琳琳一起在小区的公园里散步，她们两个边走边聊，小天被琳琳逗得哈哈大笑。

“琳琳，你真的好幽默，我要是和你一样该有多好！你看我的家人都是闷葫芦，要是我可以和你一样幽默，时不时逗逗家人，家里的气氛就不会那么沉闷了！可惜啊，幽默是与生俱来的。”

“谁都不是天生就懂得幽默的，你也可以学习啊！其实我以前也不懂得幽默的力量，但是去上了‘说话训练课’之后，才明白幽默需要人敞开心胸，一点一滴培养！你可以先从阅读笑话集开始，体验幽默感的魅力。”

琳琳的一番话让小天茅塞顿开。是啊，幽默是可以学习的！从此以后，小天每天都会阅读一些幽默故事、笑话之类的书籍。除此之外，她也敞开心扉，经常走出去与人交流，处处留心生活中点点滴滴的有趣事情。就这样，小天用心地积累着幽默的能量，虽然她还不如琳琳那样健谈，但经过这段时间的学习，小天发现，原来自己也可以很幽默！家人也在她的影响下，变得热络起来。

有人说幽默是天生的，其实不然。幽默也是一种学问，可以在日常生活中慢慢累积和沉淀。幽默是一个人知识、智能与见识的综合反映。所以要想学会幽默，还得静下心来博览群书、培养多元兴趣。除此之外，**多和幽默的人交流，丰富生活阅历，增长见闻。时间久了，幽默就会在无形中培养出来。**

培养幽默感，不仅仅是为了说一些让人发笑的话而已——这仅仅是幽默表面上的作用。幽默是人类智慧的结晶，是一个人积极、健康、乐观的性格体现。培养自己的幽默感，对一个人来说，有十分积极的意义。一个幽默的女人，会让人对她刮目相看。同时，适当的幽默也可以拉近人与人之间的距离。家人懂得幽默，家庭气氛也会更加热络和谐。

|会说话的女人最迷人| COMMUNICATION SKILLS MAKE WOMEN CHARMING

- 平淡的家庭生活中少不了幽默，幽默是调节生活的润滑剂。
- 幽默不是夸张、毫无分寸的笑话，它是一种大智慧，是一个人智慧与生活经历的体现。
- 女人培养自己的幽默感，并不是为了取悦他人，而是为了投资自己。懂得培养幽默感，也就等同于为自己、为家人购买一张幸福平安保险单。

40.

别口出恶言，在家人的伤口上撒盐

当人们遇到不顺心的事情时，往往习惯对着家人出气。虽然通过情绪转移的方法，可以暂时缓解自己内心的不快，同时却也会给家人带来伤害。好情绪如阳光般，带给人温暖；而坏情绪就如同病毒，会把不健康的信息传染给别人。别口出恶言，伤害自己的家人。

积极情绪包括兴奋、开心、自信、乐观等，有利于人的身心健康。而负面情绪包括焦虑、紧张、愤怒、沮丧等。情绪也具有传染性，好情绪如同阳光，带给人快乐和温暖；坏情绪犹如病毒，会把自己的不快乐，一点点地传染给他人，造成家人的隔阂。

现实生活中，我们难免会因为一些不愉快的事，而产生种种不健康的情绪，并传染给他人。最容易受影响的，正是我们的家人。

Chapter

4

家是一个人心灵栖息的港湾，我们要传递给家人的，应该是快乐和幸福。而女人是这个港湾的守护着，一个懂得控制自己情绪的女人，懂得让自己的港湾时时刻刻充满宁静。

一时愤怒的话，可别脱口而出

恩慧觉得自己最近真是走了霉运，什么坏事都让她遇到。

早上她刚去公司就被经理叫去，莫名其妙挨了一通训斥。好不容易回到办公室，还没坐稳椅子，便有客户打电话给她，非要请她帮忙处理一件她无法解决的事情。恩慧耐心跟这位顾客解释，可是，不管怎样，这位顾客就是不听。最后，恩慧实在忍无可忍，朝这位顾客发了脾气。结果这下麻烦大了，总经理知道后，生气地决定扣除恩慧当月的奖金。

恩慧回到家里，心里很不是滋味。想想今天的遭遇，觉得自己真是冤枉极了。她愈想愈气，恰巧这个时候女儿拿着作业本走过来，指着作业本上的一道数学题，问恩慧："妈妈，这个题目应该怎么做呀？"

恩慧看也没看，厌烦地说道："走开，离我远点，别烦我！"

女儿被莫名地训斥了一番，拿着作业本哇哇大哭，去找恩慧的老公。恩慧的老公看到委屈的女儿，忍不住也生起气来，说了恩慧两句。恩慧心里烦闷，见老公和女儿都不理解自己，也忍不住骂了老公，一场家庭争吵就这样开始了。

现实生活中，当我们受到了某种不公正的对待时，往往会通过情绪转移的方式，将那些坏情绪转移出去，以化解自己的心理焦虑与压力。

但是**坏情绪就像细菌、病毒一样，也具有传染性，而且传染的速度非常快。**你可以试试看，和一个愁眉苦脸、满腹心事、抑郁难解的人待在一起，保证不出半个小时，就算原本乐观的人，也会变得忧郁起来。不良情绪往往会在不知不觉中传染给他人。

为了家庭的幸福美满，请别让愤怒的话语脱口而出。因为那往往需要很多事后的弥补，才可以抚平伤痕。

跟坏情绪说拜拜，避免言语伤害

魏魏原来是个很开朗的青年，他从来都不知道什么叫忧郁。可是结婚之后，妻子经常和他吵架。妻子的脾气不好，不懂得控制自己的情绪，常常因为一件很小的事闹得不可开交。最近发生的事情，更让魏魏痛苦不堪。

前两天，魏魏所在的部门完成了一个很大的年度策划，所以部门同事一起出去聚餐庆功。魏魏到第二天凌晨才到家，妻子见状非常生气，说他心里根本就没有这个家。魏魏则说妻子无理取闹，连同事间的正常来往都要怀疑，真是莫名其妙。于是，两个人就这样大吵了起来，一直吵到天亮。

魏魏的妻子因为和魏魏吵架，心里很不痛快。第二天魏魏下班回到家，她依然不肯罢休。魏魏实在是没辙了，就大喊了一句："我们离婚！"

隔天早上，魏魏起床后发现妻子已经离家出走了。

虽然后来魏魏找回了妻子，但经历过这件事后，魏魏整日忧心忡忡，他害怕妻子以后还会做出什么事。即使在公司里，魏魏也是提心吊胆的。同事们都说，魏魏最近很神经质，很容易激动，以前的他根本就不是这样。这样下去，工作和家庭全都要毁于一旦了。

负面情绪具有不良的传染性，魏魏的妻子就是因为不懂得控制自己的情绪，所以才给自己和魏魏造成了很大的伤害。事实上，不良情绪的传染不仅不利于婚姻生活，对孩子成长的影响也是极为负面的。

现实生活中，我们常常会见到以下情况：有些父母心情好时，对孩子爱怜、关怀备至；可是心情不好时，他们又会对孩子生气、进行打骂，忽冷忽热。这样的气氛，对孩子的成长是很不利的。

父母不健康的心理，往往会转移给孩子，在以后的日子里，如果父母没有正确加以引导，就很容易造成孩子情绪的不稳定、性格的优柔寡断和偏激，甚至还会造成孩子稳定感、信任感、安全感的缺乏。避免恶从口出，才能拥有美好的家庭。

记得为嘴巴上把安全锁

小红是个很“Man”的女生，说话总是大大咧咧的，口无遮拦。尤其是生气的时候，更是什么话都说得出口。对此，她的老公一点办法也没有。

有一天，小红在上班的时候，挨了老板的骂，她憋了一肚子的气回到家里。吃饭时，小红的老公想着老婆工作挺辛苦的，就替她夹了一个鸡腿。谁知道小红非但不领情，反而怒气冲冲地说道:“谁叫你替我夹菜了，难道我自己就没有长手吗？”老公听完后脸色立刻大变，他知道小红正在气头上，因此也没跟她一般见识，只是低下头，继续吃着饭。

小红发现自己说错了话，想要好声好气地跟老公道歉，可是老公始终阴沉着脸，不想和她说话。

晚上睡觉，小红躺在床上，想想这几年来，因为自己脾气不好，说话口无遮拦，很多次都让老公很没面子。幸好自己嫁了个好老公，不然换作别人，早就生气了。

“不行，我一定要改掉自己这个坏毛病！”小红暗自下定决心。

从那以后，小红有意控制自己的坏毛病。每当她想发脾气、说难听话的时候，都极力克制自己。刚开始虽然很不习惯，但是这样坚持了一段时间后，小红发现自己真的改变了很多。以前的她经常发脾气，常常闹得家人情绪也不好；而现在的她，尽力克制自己，家里的不愉快也减少了很多，生活呈现出前所未有的宁静。小红的老公看到她的变化，高兴地说道:“家和万事兴！”

“祸从口出”这句话一点都没错。事实上，很多女人喜欢因为一点鸡毛蒜皮的小事争吵不休，结果酿成大错。因此，当女人被坏情绪烦扰时，不妨先沉淀一下思绪，把想要说出的话在大脑里过滤一次，仔细想想哪些话该说，哪些话不该说。别让那些会伤害感情的话从嘴里随意蹦出，尽量减少因语言冲突而造成的家庭战争。

|会说话的女人最迷人| COMMUNICATION SKILLS MAKE WOMEN CHARMING

- 很多时候，坏情绪都是一些鸡毛蒜皮的小事引起的。因此，要懂得控制自己，避免祸从口出。
- 为自己的嘴巴上把锁，管住自己的嘴巴，不该说的绝口不说。
- 情绪不好的时候，说出的话，往往容易伤害到别人。最好立刻停下话头，仔细想想：这样说有必要吗？

图书在版编目（CIP）数据

做个会表达的女人 / 魔女 shasha 著 . -- 南昌 : 百花洲文艺出版社 , 2020.7（2021.3 重印）
ISBN 978-7-5500-3725-0

Ⅰ . ①做… Ⅱ . ①魔… Ⅲ . ①女性 – 语言艺术 – 通俗读物 Ⅳ . ① H019-49

中国版本图书馆 CIP 数据核字 (2020) 第 070370 号

江西省版权局著作权登记号：14-2020-0048

简体中文版通过成都天鸢文化传播有限公司代理，
经我识出版社有限公司授权出版发行
《会说话的女人最迷人》，魔女 shasha 著，2014 年，初版，
ISBN：978-986-6166-46-4

做个会表达的女人

ZUO GE HUI BIAODA DE NÜREN

魔女 shasha 著

出 版 人 章华荣
责任编辑 许 复
监　　制 黄 利 万 夏
特约编辑 曹莉丽 孙 建
营销支持 曹莉丽
版权支持 王福娇
封面设计 紫图图书 ZITO®
出版发行 百花洲文艺出版社
社　　址 南昌市红谷滩世贸路 898 号博能中心 1 期 A 座 20 楼
邮　　编 330038
经　　销 全国新华书店
印　　刷 天津中印联印务有限公司
开　　本 880mm×1230mm 1/32
印　　张 9.5
版　　次 2020 年 7 月第 1 版
印　　次 2021 年 3 月第 2 次印刷
字　　数 160 千字
书　　号 ISBN 978-7-5500-3725-0
定　　价 49.90 元

赣版权登字 05-2020-48

发行电话 0791-86895108
网 址 http://www.bhzwy.com
图书若有印装错误，影响阅读，可向承印厂联系调换。